农旅特产电商视觉营销

主　编　吴春红
副主编　胡钰凤　周　倩
参　编　章知非　叶　昕　周洛君
　　　　陈思旎　何雨非　李　应
　　　　范　菁　赵惠丽　杨冬琴
　　　　吴　璇

北京理工大学出版社
BEIJING INSTITUTE OF TECHNOLOGY PRESS

内 容 提 要

伴随着经济全球化的迅速发展，电子商务为就业、创业和创富创造了新的机会，浙江省大力开展创业教育。虽然培养学生的创业技能已经成为职业教育发展的潮流和方向，但总体还处在自发、分散、探索、启动状态，仅仅是为学生就业找出路，没有提高到培养创业型人才的高度，缺乏相应的教材，因此为解决这一问题，本书编者秉承"两山"理念，着眼于本土经济发展，以本土特色产品为案例，跨学科融合编写本书，并在双高项目中立项，助力提升学生的创新创业能力，形成良好的创新创业教育氛围。本书共包括初识农旅特产营销、特产营销之莲都鱼跃、特产营销之龙泉青瓷、特产营销之青田石雕、特产营销之遂昌长粽、特产营销之缙云烧饼、特产营销之松阳茶叶七个项目，项目一介绍了农旅特产电商视觉营销知识，项目二到项目七分别以不同的农旅特产阐述电商视觉营销知识的设计要点和制作方法。

本书可作为中等职业学校电子商务及相关专业的教学用书，也可作为相关从业人员的岗位培训及自学用书。

版权专有　侵权必究

图书在版编目（CIP）数据

农旅特产电商视觉营销 / 吴春红主编. -- 北京：北京理工大学出版社，2022.11
ISBN 978-7-5763-1870-8

Ⅰ.①农… Ⅱ.①吴… Ⅲ.①农产品－网络营销 Ⅳ.①F724.72

中国版本图书馆CIP数据核字（2022）第223755号

出版发行 /	北京理工大学出版社有限责任公司
社　　址 /	北京市海淀区中关村南大街5号
邮　　编 /	100081
电　　话 /	（010）68914775（总编室）
	（010）82562903（教材售后服务热线）
	（010）68944723（其他图书服务热线）
网　　址 /	http://www.bitpress.com.cn
经　　销 /	全国各地新华书店
印　　刷 /	河北鑫彩博图印刷有限公司
开　　本 /	787毫米×1092毫米 1/16
印　　张 /	10
字　　数 /	218千字
版　　次 /	2022年11月第1版　2022年11月第1次印刷
定　　价 /	89.00元

责任编辑 / 李　薇
文案编辑 / 李　薇
责任校对 / 周瑞红
责任印制 / 王美丽

图书出现印装质量问题，请拨打售后服务热线，本社负责调换

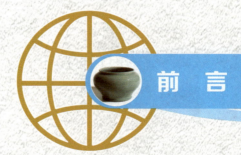

前　言

　　伴随着经济全球化的迅速发展，互联网为生活带来了很多便利，电子商务已经成为引领社会经济发展的重要力量，为就业、创业和创富创造了新的机会，电子商务创业已经成为一种时尚潮流。农村山清水秀，是"两山"理念的重要萌发地和先行实践地。农业作为主要产业，搭借电子商务高速发展的快车，大力发展农村电商，实现生态环境保护与经济效益双赢。

　　近年来，大力开展创业教育，培养学生的创业技能，已经成为职业教育发展的潮流和方向，但总体还处在自发、分散、探索、启动状态，仅仅是为学生就业找出路，没有提高到培养创业型人才的高度，而且缺乏教材和相应的师资，创业活动流于形式，创业尚未成为学生的一种择业模式和成才理念。本书编者秉承"两山"理念，着眼本土经济发展，以本土特色产品为案例跨学科融合编写本书，助力学生创新创业能力提升，形成良好的创新创业教育氛围。

　　本书共包括初识农旅特产营销、特产营销之莲都鱼跃、特产营销之龙泉青瓷、特产营销之青田石雕、特产营销之遂昌长粽、特产营销之缙云烧饼、特产营销之松阳茶叶七个项目，每个项目通过若干任务来实施，以任务描述介绍任务背景，以任务目标明确学习目标；每个任务再通过若干个活动具体实施，通过活动步骤进行具体讲解，任务结束后还有项目评价，便于学生巩固所学知识和技能。通过学习，学生可掌握农旅特产类商品的视觉营销技术。

　　本书由丽水市职业高级中学组织编写，并得到了遂昌县职业中等专业学校的大力帮助。本书针对高职高专、中等职业学校、技工院校等院校学生就业创业教学需求，根据网络营销经验，从视觉营销岗位技能需求出发，通过案例进行项目化学习，从而帮助学生快速掌握专业知识和实际操作能力，增强学生在电商行业的就业、创业能力。

由于随着电子商务行业的迅速发展，知识快速更新，加之本书编者知识水平有限，书中难免存在疏漏之处，恳请各位读者批评指正，以便于修订再版。

编 者

目 录

项目一　初识农旅特产营销 001
　　任务一　了解农旅特产营销相关知识 002
　　任务二　了解网店视觉营销相关知识 006

项目二　特产营销之莲都鱼跃 013
　　任务一　撰写莲都鱼跃文案 014
　　任务二　制作莲都鱼跃主图 020
　　任务三　制作莲都鱼跃海报 023
　　任务四　制作莲都鱼跃详情页 027

项目三　特产营销之龙泉青瓷 038
　　任务一　撰写龙泉青瓷文案 040
　　任务二　制作龙泉青瓷主图 045
　　任务三　制作龙泉青瓷海报 047
　　任务四　制作龙泉青瓷详情页 049

项目四　特产营销之青田石雕 055
　　任务一　撰写青田石雕文案 056
　　任务二　制作青田石雕主图 067
　　任务三　制作青田石雕海报 073
　　任务四　制作青田石雕详情页 079

项目五　特产营销之遂昌长粽 084
　　任务一　撰写遂昌长粽文案 085
　　任务二　制作遂昌长粽主图 092

  任务三 制作遂昌长粽海报 ··· **098**
  任务四 制作遂昌长粽详情页 ··· **102**

项目六 特产营销之缙云烧饼 ·· **111**
  任务一 撰写缙云烧饼文案 ··· **113**
  任务二 制作缙云烧饼主图 ··· **120**
  任务三 制作缙云烧饼海报 ··· **123**
  任务四 制作缙云烧饼详情页 ··· **125**

项目七 特产营销之松阳茶叶 ·· **135**
  任务一 撰写松阳茶叶文案 ··· **137**
  任务二 制作松阳茶叶主图 ··· **144**
  任务三 制作松阳茶叶海报 ··· **146**
  任务四 制作松阳茶叶详情页 ··· **149**

参考文献 ··· **154**

项目一　初识农旅特产营销

📍 项目介绍

早春二月,走进某秀丽乡村,青山绿水间的生态果园郁郁葱葱,呈现出一派欣欣向荣的景象。这个省级乡村振兴试点村拥有丰富的自然资源和产业资源。近年来,按照"产业兴旺、生态宜居、乡风文明、治理有效、生活富裕"的总要求,走出了一条农旅融合、电商助力的乡村振兴之路。

但近年来,由于新冠肺炎疫情的影响,全国各地农旅企业普遍面临市场活跃度下降的压力,导致本土农副特色产品销售困难。如何将各地特色农旅企业导入电商平台,进一步拓宽特色农旅产品的购销、流通渠道,丰富消费者的"菜篮子、茶罐子、酒坛子、油瓶子",实现生产端和消费端的合作共赢呢?持续引导各类特色农产品、旅游商品上平台、进景区,充分利用本地生态资源优势、农产品优势和历史文化优势,丰富产品内涵、提升产品规模、质量,加快推进农旅融合发展。

📖 学习目标

【知识目标】
1. 了解农旅特产产品价值挖掘方式。
2. 了解农旅特产产品文案撰写知识。
3. 了解网店视觉营销设计知识。
4. 了解主图设计知识。
5. 了解海报设计知识。
6. 了解详情页设计知识。

【能力目标】
1. 能够撰写文旅特产营销文案。
2. 会设计文旅特产主图。
3. 会设计文旅特产促销海报。
4. 会设计文旅特产详情页。

【素质目标】
1. 培养学生农旅电商营销素养。
2. 培养学生热爱家乡、振兴乡村的服务意识。
3. 培养学生开阔眼界不断探究的学习精神。

案例导入

在通山唐老农生态粮油开发有限公司网络销售点,数名员工忙碌于计算机前。"2022年销售额已达500余万元,其中60%来自线上销售,中秋前夕,最多的一天接了11余万元订单。"公司负责人李经理说,如今线上一天的订单比过去几个月加起来都多。该公司是一家致力于种植优质油茶,生产、销售高档食用山茶油的企业,2015年正式投产,发展初期以线下销售为主,困难重重。"品牌知名度不高,销售面不广,过去有时一个月只卖了几千元。"李经理说,幸亏县里大力支持电商发展,公司才逐步向好发展。通过系统的培训,李经理对电商有了更深的了解,外加政府推出免房租、搭平台等一系列优惠政策,他将发展重心向电商转移,并在2016年实现销售额翻番。如今,唐老农茶油更是畅销于淘宝、通淘商城等电商平台,2021年线上销售额达486万元,占总销售额的71.4%。

电商突破了时间与空间的限制,为县域农旅产品开拓了新销路。农村生态资源丰富,农旅等产品品种多、品质优,过去基本走线下销售途径,产品知名度不高、受众面窄,产业发展很难寻得较大突破。为突破发展制约,当地政府积极向上争取,成立首批国家级电子商务进农村综合示范县,投入2 000万元专项资金,通过打造电商产业园、物流园等设施,对接京东、阿里巴巴等平台,开展电商知识培训,为电商发展打下了良好基础。

任务一 了解农旅特产营销相关知识

● 任务描述

通过基础概念解析和图示说明,让学生理解产品价值与市场需求的关系,理解如何挖掘产品价值和撰写文案,为后续各个项目的任务开展奠定知识基础。

● 任务目标

1. 理解产品价值与市场需求的关系;
2. 理解如何利用FABE法则来挖掘产品价值;
3. 理解文案的含义和撰写文案的原则。

● 相关知识

一、产品价值挖掘

1. 产品价值与市场需求的关系

著名心理学家马斯洛发现，人们需要动力来实现某些需求，同理可知，人们在购买某些产品时也是为了满足自己某项需求。结合这一原理，可以依次将产品价值挖掘分类为以下几项：

（1）功能价值：满足生理和安全需求的产品基础功能价值。

（2）附加价值：满足社交和尊重需求的产品附加价值，包括但不限于文化价值、品牌价值，如图 1-1 所示。

2. 产品价值的挖掘方式——FABE 模式

FABE 模式是管理学家郭昆漠总结出来的。它通过四个关键环节（图 1-2），巧妙地处理好顾客关心的问题，从而顺利地实现产品的销售。

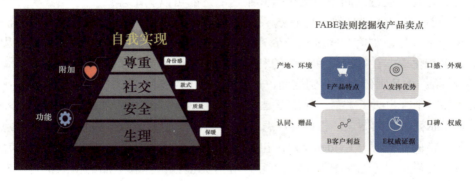

图 1-1　产品价值挖掘　　　　　图 1-2　FABE 法则

FABE 模式同样可用于农产品销售，它对于挖掘自身农产品卖点有极大帮助。下面来学习研究如何用 FABE 法则打造产品卖点。

（1）F 指的是产品特征（Features），包括产品的特质、特性等基本功能，而农产品众多，且产品功能一般人众所周知，那么如何深入自己的农产品特质上面，就是一种对卖点的挖掘。针对产品特征，我们可以从以下两点出发，寻找自己农产品身上的特质。

1）产地：它是属于给农产品加持地域性的一种标志，如来自国家级生态县或具有国家授予称号的地域，均能够给用户树立一种生态、自然的形象，无形中打造了产品的卖点。若没有特殊产地的身份，可以试着从河流、湖泊、高山等产地特征来塑造卖点，甚至引用古诗中经典产地的地名也可以。

2）环境：环境是指农产品的生长环境，如光照、降水、空气等级、湿度等环境指标，不同的农产品对于环境的因素也不尽相同。如新疆的哈密瓜好，是因为新疆的地理位置、光照强度好，并且温差较大，有助于哈密瓜糖分的形成与积累。

根据产地环境，会出现很多不同地域优质的农特产品。现如今为信息化社会，用户更容易被具体数字所吸引，如果能通过追溯产地、环境来满足用户对农产品的诉求，那么卖点自然能充分发挥价值。

（2）A 指的是特征所产生的优点（Advantages），即产品特性发挥的功能，以与同类产品相比的优势，可以在农产品上表现为以下两个方面：

1）口感：如上面说的环境因素，农产品在适宜的环境中，会表现出比同类农产品更好的特性，如光照充足，带给新疆的哈密瓜更甜的口感；再如肥沃的土壤长出的庄稼更加富含营养元素，如大米、水稻、玉米等粮食作物。

2）外观：外观特性上，有的农产品可能口感不是太好，但是个头大、分量足，营养也充分，外观精致漂亮，是难得的家用水果。

口感、外观表现了产品特性发挥出的特殊功能，能够给用户直接的感受。如果再通过精美的包装，增加产品的附加价值，更能提升农产品的品牌价值。

（3）B 代表这一优点能带给顾客的利益（Benefits），即 Advantages 商品的优势带给顾客的好处。Advantages 解决产品发挥的功能，通过 Benefits 能直接让用户明确知道带给自己的好处。通过认同用户的价值和赠送的产品可以满足客户。

1）认同：客户认同自然就愿意购买，而让客户认同就要站在客户角度考虑，能给客户带来什么好处。如客户需要绿色农产品，如何体现绿色？即农产品在种植过程中的无添加、生态化等。让客户看到具体的利益，客户认同就实现了营销。

2）赠品：赠品则偏向于营销层面，通过赠品辅助主农产品来打造满足客户超乎想象的价值。如一个客户买了雪梨，那是不是可以多赠送他一些赠品，如买一箱赠送他一袋冰糖，并附赠冰糖雪梨的做法，告诉客户怎么吃更有利于健康，这样客户就会更加满意。

（4）E 指的是证据（Evidence），包括技术报告、顾客来信、报纸文章、照片、示范等，具有足够的客观性、权威性、可靠性和可见证性。如农产品的检测报告、农产品认证标志等。

1）口碑：口碑是一种展现价值的形式，如客户的付款记录、客户的好评、客户试吃的照片截图。这些客户的反馈都是有利于打造农产品品牌的口碑见证，能够让用户产生从众心理，从而购买产品。口碑也是一个积累的过程，平时要多注意积累客户的口碑。

2）权威：权威是证明自己农产品质量的有力武器，如政府颁发的农产品企业荣誉证书、自己农产品的检测报告、质检认证证书，这些证书是自己农产品被权威平台认可的证明，若有这些证书，一定要在农产品包装、产品详情上面体现出来。

通过 FABE 法则，结合马斯洛需求理论，挖掘农产品的功能价值和附加价值，为后续工作打下基础。

二、产品文案撰写

文案是广告的一种表现形式，来源于广告行业，也是企业为达成商业目的表现的新形势。本课程的广告文案主要是指产品广告作品中的语言文字部分，如广告的标题、副标题、广告语、活动主题的文字。

文案是产品广告的核心与灵魂的集中表达。若文案写得很出色，可起到四两拨千斤的功效，不仅可以为农产品带来最大化的传播，提升销量，而且能直接为农产品减少大幅广告传播的费用。撰写文案表面看是文案，其实也考验了文案的附着力。当信息晦涩难以理解，不仅不利于记忆，而且容易影响行动。信息本身缺乏附着力，受众记不住，传播不了，更无法吸引读者。

那么什么叫作信息的附着力？信息的附着力也称黏性，是指创意与观点能够让人听懂，能被人记住，并形成持久的影响力。这也是为什么有些广告总是让人念念不忘，即使小投入仍然可以引发大量有效的传播，而有些广告即使花费大量费用也只是昙花一现的原因。如何让文案具有附着力？可以直接运用简单、意外、具体、可信、情感、故事六原则。

（1）简单：精炼核心信息。营销中的"简单"，往往是抽丝剥茧提炼出最核心的东西，换而言之，简单＝精炼＋核心。撰写文案前先把核心的点找出来。举个例子，如果要撰写一个广告的文案，产品的卖点很多，可以问自己一个问题："如果只能强调一个卖点，那么这个是什么？"

（2）意外：吸引维持注意。在这个注意力泛滥的时代，要吸引注意，已经越来越难了，最基本的办法就是打破常规，用意外的事件紧紧抓住人的注意。那么怎么做会让人感觉到意外？主要有以下三点：

1）确定所要传达的中心信息，即找到核心信息；

2）找到信息中违反直觉的部分；

3）在重要而又违反直觉的层面上破坏读者的预测，从而传递信息，然后，一旦读者预测失败，就帮助他们修复好原本的预测思维模式。

（3）具体：帮助人理解记忆。人们的大脑中装有数量众多的小环套，某个观点带的记忆联想越多，就越容易黏附在记忆中，也被称为记忆的魔术贴。因此，大部分广告都会以具体的点来帮助受众记忆。如UBER为了体现自己的有趣，就用一些故事来体现，如图1-3所示。

图1-3　UBER具有故事性的广告文案

（4）可信：让人愿意相信。无论是什么产品、服务，都需要让受众感到可信，否则受众绝对不会买单，文案创意也是一样，可以使用权威、反权威、数据、客户自证、示范效果等方式让文案变得可信。

（5）情感：使人关心在乎。如何勾起人的情感，使人关心在乎？除勾起相关的情绪外，还可以考虑与受众自身的关联度，与自身相关的利益更能够勾起情感，让人付诸行动。如一个公益活动"半瓶水行动"为了帮助需要水的儿童喝到水，开发出一款半瓶装的矿泉水，只要购买这瓶水，里面其余的半瓶水将会给到需要水的孩子，这个产品设计了七款打印缺水地区孩子形象的包装，这些形象被印在装有半瓶水的瓶身，人们还可以通过扫描瓶身另一侧的二维码关注更多缺水儿童信息,如图1-4所示。比起小瓶装水的间接节约水概念和通俗的捐款活动,该产品将二者结合,所以,该瓶装水一上市就得到广泛关注与热情购买。

图1-4 半瓶水行动的产品包装图

(6)故事:促人起而行动。无论在哪里,一旦有人讲小故事或讲述个人经历等,大部分人都会马上竖起耳朵听。那么,哪些故事具有附着力?答案是所有的故事都具有附着力。

任务二 了解网店视觉营销相关知识

● **任务描述**

通过概念解析让学生理解什么是网店视觉营销、主图、海报和详情页,明确主图海报和详情页的设计要点,同时借助案例进一步加深理解。

● **任务目标**

1. 理解什么是网店视觉营销;
2. 掌握什么是主图及其设计规范;
3. 掌握什么是海报及其设计要点;
4. 掌握什么是详情页及其设计要点。

● **相关知识**

一、网店视觉营销

网店视觉营销是指利用视觉呈现技术与商品营销理论相结合,通过增强品牌、网店、商品等方面的视觉冲击力来吸引消费者的关注，刺激消费者购物。它不仅包括店铺的风格设计和装修，还包括店铺内产品的规划和布局，如品牌商标、主图、详情页、短视频等，以达到促进商品销售，提升品牌形象和知名度等目的，如图1-5所示。

视觉是手段，营销是目的。网店美工所做的视觉图文设计都是围绕着营销而做，围绕着最终成交的目的而做。但是随着网络购物的普及，各大网络店铺之间的竞争也越来越激烈，这时在短时间内吸引顾客就成了关键，因此，视觉作为辅助销售的表现形式也逐渐表现出更多的营销属性。

图1-5　网店视觉营销图片

竞争激烈的电商充分利用了视觉营销的效果，视觉营销可吸引潜在顾客的关注，从而达到刺激消费的目的。具体来说，电商的视觉营销可分为以下三大原则。

1. 原则一：目的性

视觉营销作为网店这种虚拟店铺最主要的营销方式，视觉上的冲击是整个环节里最重要的部分，视觉传达和营销策略的制定都是为了让客户看到第一眼就留下好印象，提升网店品牌形象和商品销量。分析目标客户群的需求，针对产品属性和特色选择合适的图片与摆放方式，让人一眼就看得出效果，并产生购买的欲望。

2. 原则二：更新性

网店装修并不是一劳永逸的事情，即使第一次做的视觉效果比较好，产生了消费行为，但久而久之也会给人造成一种审美疲劳，让人没有购买的欲望，所以应该及时更新，活动中更换精美的店铺主图，让客户每次点击都有好心情，形成一种购买欲的良性循环。

3. 原则三：实用性

视觉营销在注重美观的同时，更要注重实用性。要注意视觉应用的统一，网店不可装修的五花八门，要巧妙地利用文字说明或图片让客户快速了解产品，提升购买欲望。消费者需要的内容应着重安排在显眼的地方，不需要的内容应该删减。

二、主图视觉营销设计

1. 主图介绍

主图是人们在搜索商品时看到的商品图片，用来向消费者展示商品的重要信息。卖家可以上传五张主图，其中第五张为白底图。消费者在搜索页看到的图片是第一张主图，如图1-6所示。

图 1-6　商品主图

卖家上传主图可以增加搜索流量，消费者输入关键词搜索商品，在一堆商品中，第一张主图的吸睛程度往往决定了引流效果；同时，第一张主图足够干净有机会入池首页中"猜你喜欢"栏目，获得平台免费推荐流量。所以，主图设计对于店铺引流具有重要的意义。

主图违规将会影响商品的展示和消费者在搜索以后的展示体验，若出现夸大描述等，还会出现投诉"描述与实际不符"的情况，影响店铺的正常出售。一旦被判定违规以后，商品会受到下架处理、降权等处罚。主图规则如图 1-7 所示。

图 1-7　主图规则

2. 主图设计规范

主图的设计建议围绕商品卖点、消费痛点、利益点、使用场景等展开，如图 1-8 所示。一般的主图设计应遵循以下规范：

（1）图片大小 ≤ 3 MB，建议图片形状为正方形（即 1∶1 的宽高），图片格式为 PNG/JPG；主图图片超过 700 像素 × 700 像素时可以提供放大镜功能，图片最好为 800 像素 × 800 像素。

（2）图片上限为 5 张，第五张上传白底图可以增加手淘曝光机会，要求无边框、无水印、无 Logo。

（3）商品主体完整，识别度高，主体展示比例不要过小，不可出现多个主体；主图的设计应该根据买家需求展现商品核心卖点；不能出现含有促销词或夸大描述类的信息，包括但不限于包邮、限时折扣等。

（4）严禁出现主图牛皮癣，牛皮癣即大块的标签贴；严禁出现色情、政治敏感、宗教类商品素材。

3. 案例展示

主图展示如图 1-8 所示。

图 1-8　主图展示

三、商品海报视觉营销设计

1. 商品海报介绍

海报设计是基于在计算机平面设计技术应用的基础上，随着广告行业发展所形成的一个新职业。该职业技术的主要特征是对图像、文字、色彩、版面、图形等表达广告的元素，结合广告媒体的使用特征，在计算机上通过相关设计软件来为实现表达广告目的和意图，所进行平面艺术创意性的一种设计活动或过程。

商品海报通常以商业宣传为目的，设计应明确其商业主题，同时，在文案的应用上要注意突出重点，不宜太花哨，采用引人注目的视觉效果达到宣传某种商品或服务的目的，如图 1-9 所示。

图 1-9　商品海报

2. 商品海报设计要点

（1）内容决定布局。在设计海报前，应先定好海报需要突出的内容，然后根据内容进行结构的搭建，再进行色彩的选择，最后对细节进行处理。该要点注重的是形式与内容的统一，采用不同的形式来突出主题内容。形成内容和布局的统一，才会成为一个既有内容又独具风格的海报。

（2）海报的整体性。整体性不仅要体现在所展示内容上的统一，还包括用色和布局上的整体性。强调布局的整体性，要先着眼整体，然后进行内容或功能区块的划分，最后回归整体，做到海报设计的整体性，避免杂乱无章。

（3）使受众在享受美的同时更加全面快速地了解海报所要突出的内容，传递给受众一种和谐完整的美感。在强调海报布局和内容的整体性时应随机应变，避免由于过分强调海报的整体性而导致页面出现比较沉闷、呆板的现象。

一张优秀的商品海报，需要充分的视觉冲击力，必须具备三个要素：产品＋文案＋背景。

（1）海报表达内容的精练，抓住主要诉求点。画面内容过于饱满只会让人觉得杂乱、不美观。高端、大气的海报就要有一定的空白，给顾客留下遐想的空间。

（2）内容不可过多，一般以图片为主，文案为辅。在海报的文案中主要信息有主标题、副标题、附加内容。设计时可分为三段，段间距要大于行间距，上下左右要有适当的留白。

（3）主题字体醒目。针对主标题可以用粗大的字体，副标题字体小一点。字体不要有过多扎眼的描边色，或者字体与主题风格不一致。同一张海报不能超过三种字体，很多看上去乱的海报就是因为字体样式太多从而不统一。

3. 案例展示

商品海报案例如图1-10所示。

图1-10　商品海报案例

四、产品详情页视觉营销设计

1. 产品详情页介绍

产品详情页就是网店通过图片结合文案的形式对其销售的单个产品的细节进行解释说明，是让买家了解产品信息的重要页面。此页面要展示产品的各种细节、优势、使用方法和优惠活动等信息，让顾客了解产品及其功效，以增加店铺的人气，从而带动消费增长。

(1)产品详情页设计要点(规则、制作要点等)。现如今很多物品都可在网上购买,不仅包括日常服饰、生活用品等,而且农产品也可在网上购买。由于无法真实看到农产品,只能通过产品详情页获知产品信息,因此店主在制作产品详情页时一定要用心,在添加产品信息的同时要体现出设计感,那么农产品电商详情页该怎么做呢?

一般网店的产品详情页宽度尺寸设置为750像素(淘宝改版后界面为790像素),高度不限。农特产品详情页一般由以下内容组成:

1)营销海报:该区域一般以产品图片为主,文字为辅,着重突出产品,第一时间吸引消费者的眼球。

2)产品信息:清晰地展示产品的产地、规格、尺寸、颜色等,方便消费者直观了解产品的信息。

3)产品展示:不同角度展示产品实物图片,有助于消费者更加了解产品的特点。

4)产品卖点:产品卖点用于说明产品的优势,是详情页的重点,能很好地体现产品的价值,激发顾客的购买欲望。

5)细节展示:该区域将产品的细节以局部放大的形式突出表现出来,并通过画龙点睛的文字进行说明,详细剖析产品的优势。

6)产品对比:通过与其他品牌的产品进行对比,突出自身产品的优势。

7)品牌故事:将一个企业或网店的历史讲述给消费者,对于品牌的传播无疑是一股强大的力量。

8)售后说明:对产品的物流、售后服务进行保障和说明,提升消费者安全感和满意度。

9)自定义模块:此模块可以预留出来为客户进行展示,如进行购买时特别约定的展示或放置产品的好评截图可以加深消费者的从众购买心理等。

产品详情页主要根据产品的颜色和性质特点进行色调搭配,如橙子的详情页主色调可以选择黄色,以绿色作为点缀色,不仅让产品和整个页面的色调更加协调,还突出产品特点及绿色健康的优势,让消费者产生可以放心食用的安全感。

(2)案例展示。在农旅特色产品详情页中的每个目录下,产品海报、产品细节、产品信息、产地介绍这四个部分的内容是最基本且不可缺少的,其余部分的内容可酌情进行添加、删减及修改。以丽水市庆元县赫兰德品牌的椴木花菇产品为例,其产品详情页主要从以下几个方面展示,如图1-11所示。

图1-11 庆元花菇产品详情页

项目二　特产营销之莲都鱼跃

项目介绍

丽水市鱼跃酿造食品有限公司始自1919年,是浙江老字号、浙江知名商号、浙江省著名商标,鱼跃传统酿造技艺源自北宋,现已被列入非物质文化遗产名录。鱼跃秉承工匠精神,通过艰辛努力,开发了黄酒、白酒、酱油、食醋、豆豉等酿造产品,重新打响了"鱼跃"这一知名品牌。

本项目以鱼跃产品为主线,设计了撰写莲都鱼跃文案、制作莲都鱼跃主图、制作莲都鱼跃海报和制作莲都鱼跃详情页四个任务,层层递进。

学习目标

【知识目标】

1. 理解产品价值。
2. 理解FABE法则。
3. 理解鱼跃产品主图内容。
4. 理解鱼跃产品促销海报内容。
5. 了解鱼跃产品详情页内容。

【能力目标】

1. 能够撰写鱼跃产品文案。
2. 会设计并制作鱼跃产品主图。
3. 会设计并制作鱼跃产品促销海报。
4. 会设计并制作鱼跃产品详情页。

【素质目标】

1. 培养学生溯源文化、创新文化的素养。
2. 培养学生热爱家乡、振兴乡村的服务意识。
3. 培养学生团队合作的能力和设计美感。

案例导入

为了确保百姓餐桌安全,浙江省食品安全追溯闭环管理系统,简称"浙食链",归纳收集了食品生产流通各环节的数据。百年鱼跃是"浙食链"典型应用点位,在"浙食链"系统建设应用始终走在前列。

鱼跃公司是市里最早一批对产品进行赋码的企业，目前"浙食链"系统建设应用覆盖面广，涵盖了公司酿造产品生产过程中的原料、供应链、计划、生产、质检、仓库、销售、物联监控、AI抓拍等全过程，形成了企业内部生产过程完整的追溯管理信息链，为企业的工艺、生产、检验、销售质量数据和风险管理及预警信息提供安全，进一步提升了公司质量管理水平。

　　2021年3月，鱼跃公司接受省市场监管局"浙食链"使用情况调研，并对推广工作提出了建议，当月又参加省局召开的"浙食链"系统应用建设推进会。在3月底完成了首批4个产品的"浙食链"标签印刷制作及产品上市工作。2021年6月30日，完成"阳光工厂"系统对接，实现AI自动抓拍和温度、湿度预警，同时完成公司所有产品"浙食链"赋码。

　　截至2021年10月18日，丽水鱼跃酿造在"浙食链"系统中已录入本年度食品生产数据116批次，录入本年度食品销售数据2 669单次，对公司所有在售产品最小销售单元加赋"浙食链"溯源码，累计出厂"浙食链"赋码产品超10万份[①]。

任务一　撰写莲都鱼跃文案

● **任务描述**

　　通过对莲都鱼跃的进一步探究，了解鱼跃公司的历史，理解什么是产品价值及如何通过FABE法则挖掘产品价值，提炼出鱼跃产品最能打动消费者的核心卖点，撰写出吸引消费者的产品文案。

● **任务目标**

1. 利用网络搜索进一步了解莲都鱼跃产品及其文化；
2. 进一步理解产品价值和FABE法则；
3. 提炼莲都鱼跃核心卖点，并撰写相应文案。

● **相关知识**

一、探寻产品诞生

　　百年鱼跃始于1919年。这是丽水人自己的品牌，是几代丽水人的回忆，是一份猪

---

① https://baijiahao.baidu.com/s?id=1722729419314153528&wfr=spider&for=pc，节选自浙江日报　编辑：高唯。

油拌饭入口那一刻的鲜香和温暖。

回望历程，1919年在丽水西园庙弄的一间小房子，德生酱园诞生了，其历经战乱、动荡、经历数次厂制变革，成为现在的丽水市鱼跃酿造食品有限公司，鱼跃经历风雨，也见证了中国的发展、丽水的发展。在十代鱼跃掌门人的坚持和守护下，近百年的岁月里"鱼跃"为这个城市居民提供了物美价廉的食品，成为市民心中抹不去的记忆。

鱼跃创始人应德生为当时丽水市著名企业家和开明绅士，创办酱油厂正是他践行孙中山先生倡导"实业救国"理念的一大举措。

光阴似箭，世事沧桑。20世纪90年代末，历经曲折和光荣的老字号品牌"鱼跃"面临消亡。与大多数国字号企业一样，因为管理体制和外来产品的冲击，丽水酿造厂一度濒临倒闭。在企业生死存亡的危急关头，"鱼跃"迎来了改变它命运的关键人物——陈旭东。

然而，接手鱼跃之后，陈旭东才发现面对的困难超出了自己的想象。企业管理一片混乱，人心不稳，原有的国有企业机制下，铁饭碗的模式束缚企业的发展，也无法调动起员工的积极性，优秀的实用人才更为缺乏。更严重的是不少员工认为坚持传统酿造工艺才是导致企业陷入困境的主要原因。

陈旭东看在眼里，急在心里。经过苦苦的思考，他力排众议坚持走传统酿造工艺、生产高端产品的路线，明确提出了"不求百强、但求百年"的企业核心价值观。经过一系列管理和科技创新之后，在坚持传统工艺的基础上引入现代管理理念，保留传统工艺的同时，又使厂房干净整洁，工人操作井然有序，彻底改变了人们对传统酿造厂原始、落后、脏、乱、差的环境观念。

为了让鱼跃源自北宋秦观的酿造技艺传承和发扬，陈旭东开始自己学习和研究传统酿造工艺，他一边虚心向厂里的老师傅请教，一边亲自动手实践，常常一个人在车间里琢磨到深夜，为了学习传统酿造技艺中口口相传的精髓，陈旭东多次上门拜访已经退休多年的老师傅，终于得到真传。有一次为了详细观察酿造关键控制点的变化，他在车间里吃住，饿了就啃几口方便面，困了就在墙角打个地铺眯一会，在车间里待了整整三天三夜。正是因为这种刻苦钻研的精神，仅仅一年时间，他这个曾经的"门外汉"就完全精通了传统酿造工艺。2011年，鱼跃酿造被评为"浙江老字号"企业，陈旭东也正式成为"鱼跃"传统酿造工艺的代表性非遗产传承人，并成功将鱼跃传统酿造技艺列入"莲都区非物质文化遗产保护名录"。

源于北宋秦观的古法酿制技艺，在新一代鱼跃人手里继续被传承发扬。从最早的"秦郎醉""十月缸"到现在的"绿谷琼液""养生桔醋"等，鱼跃始终秉承匠人技艺的同时，不断探索发展。露天晒场、古法酿制池、罐装生产线，以及国内领先的酿造技术研发中心，同时，还配套建设老字号博物馆、非遗技艺展览馆、酿造科普馆、丽水旅游产品展示中心等，在这里鱼跃传统非遗技艺和老字号文化将得到更好的传承与发扬。

在一代代人的努力下，有着千年历史的传统酿造技艺在鱼跃得以保护和发扬，为老丽水人留存着那一缕记忆深处的醇香。

二、挖掘产品价值

(一) 什么是产品价值

每个产品都在给用户带来某种价值,能否让用户在最短的时间内发现并感受到产品的价值直接决定了用户的留存和购买,所以,产品的价值点是锁住用户的关键。

如果产品没有实用价值,也就缺乏了可以传播的可能性。任何正在传播的物品的实用价值都离不开功能价值和精神价值,如何去挖掘这些价值呢?我们可以从解决用户实际问题、使用场景、带给消费者的品牌价值、产品属性价值几个角度进行分析,如图 2-1 所示。

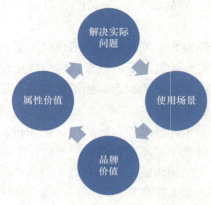

图 2-1　产品价值

1. 解决实际问题

产品的诞生是因为用户的需求。以鱼跃少不了礼包为例,糖果、饼干、果冻等传统礼包司空见惯,而且很多人带回家放置不吃,直到过期后扔掉。鱼跃少不了礼包精选优质酱油、黄酒、米醋、豆豉等产品,搭配成不同价位的礼包,既新颖又实用。

把用户带入各种实际的礼包搭配可能性,迎合了用户追求效用、符合生活的理念,那么产品便会因为好的搭配思维而传播扩散。

2. 使用场景

可以通过把用户带入实际场景中挖掘产品的实用价值。少不了礼包的寓意是幸福时刻少不了,生活调味少不了,相伴一生少不了;通过这个美好的祝福,少不了礼包频频被婚礼酒席所追捧使用。

经常为用户营造合适的使用场景,用户可能会在某一个相似的场景中想起这个品牌,或者在场景中使用某些产品强化使用场景,这样的实用性也可以带来传播效应。

3. 品牌价值

品牌给社会带来了什么?给用户又带来了什么?以鱼跃为例,每个产品系列的开放,都有一定的品牌文化和理念灌输其中,无论是酱油、醋,还是绿谷琼液酒、白莲系列产品等,都体现了鱼跃品牌扎根本土的理念,作为丽水本地知名品牌,产品新颖、实用、实惠，宾客高度好评，可加个性化标签。用户一旦融入了品牌的文化，品牌就多了一个忠实拥护者。

4. 属性价值

属性价值要挖掘的便是产品的功能价值，是产品原始、基本的品质，也是第一时间能把用户吸引过来的物质特性。如我们可以这样描述鱼跃米醋：百年历史，前年传承；足足发酵180天，色泽透亮，酸、香、纯、浓，回味悠长，堪称醋之典范。

产品的属性价值是所有价值的根基，产品的价值梯度能达到多高，这个根基起着非常重要的作用，如果上层建筑做得很出色，但根基不稳，那么建立起来的产品价值高楼迟早会轰然倒塌。

（二）如何运用 FABE 法则

为什么要挖掘价值？如何挖掘价值？可以换个思维来说，这个产品如何吸引消费者？消费者凭什么来购买此产品？可以通过 FABE 法则具体来讲。

什么是 FABE 法则？

F 即产品的特点（Features）：产品的属性等基本功能；

A 即产品的优势作用（Advantages）：产品发挥哪些功能从而引发消费者购买；

B 即消费者带来什么好处（Benefits）：以消费者利益为中心激发消费者的购买欲望；

E 即作证、证明（Evidence）：通过相关证明文件，证明自己的产品客观、权威、可靠。

以鱼跃少不了礼包为例，用 FABE 法则挖掘它的产品价值，见表 2-1。

表 2-1　FABE 法则

"少不了礼包"产品价值挖掘	
F（产品特点）	礼包精选优质酱油、黄酒、米醋、豆豉等产品
A（优点）	搭配多样，可以通过不同组合，搭配成不同价位的礼盒
B（利益）	美好寓意，为幸福时刻添彩
E（证明）	经典酱油：长期发酵，富含多种人体必需氨基酸等营养元素； 米醋：源自北宋的传统工艺，足足发酵 180 天，色泽透亮，酸、香、纯、浓，回味悠长，堪称醋之典范； 糯米酒：非遗酿造工艺精心酿制而成，酒香浓郁、口味纯正，为糯米酒中之上品； 豆豉：采用传统酿造工艺，日晒夜露长达半年时间，豉香浓郁，富含蛋白质、碳水化合物，并含有人体必需的多种氨基酸和多种矿物质、维生素等营养物质

三、撰写产品文案

优秀的产品文案，是为了让产品具有更高的认知度，更有效地把产品价值传达给目标消费者，更好地刺激目标消费者的购买欲望。文案是关于消费者感受的设计，而不是创造这些感受的文字设计。

在电商运营中，文案对产品的转化率有着非常重要的作用，无论是在海报、详情页制作中，都应该合理地设计文案。以酱油的海报和详情页文案设计为例，来讲解优秀的文案应该具备哪些元素。

（一）海报文案

海报文案至少包括活动或商品推荐的标题、操作引导词两个部分，基本遵循"一主（主标题）—副（副标题）—引导原则"。

（1）主标题：用来展示活动/商品的突出卖点或痛点，体现海报最想要传达的主要信息或商品的核心卖点。

（2）副标题：辅助说明活动/商品的相关介绍或其他卖点，针对主标题进行补充说明，进一步介绍活动/商品。

（3）操作引导词：引导用户点击/参与，增加引导的动作性词汇，引导用户点击进入。

设计案例：

主标题：第 2 件 9.9 元。

副标题："零添加""头道酱油""口感醇正"等相关商品介绍。

操作引导词：立即抢购。

（二）详情页文案

优秀的详情页文案可以将产品的卖点最大化展示，让消费者更加了解产品，取得消费者的信任和好感，引导其下单，增加产品的转化率。首先，应了解消费者在购买产品时的心理变化：吸引眼球→激发兴趣→提起欲望→加深记忆→决定购买；因此，制作详情页时应该围绕的营销思路：描述产品→展示商品→说服客户→产生购买；所以，详情页文案应布局：卖点提炼，吸引顾客→细节展示，打消疑虑→利益引导，促使成交→购买更多，关联营销。

● **任务实施**

根据所学知识，完善表 2-2~ 表 2-4。

表 2-2 鱼跃酱油主图文案设计

内容	示例	你的设计
主题	用心酿造一瓶好酱油	
优势	炒菜上色 增鲜提香 蘸酱提味	
促销 1	领券更优惠	
促销 2		
设计意图	呈现出鱼跃酱油的优势	

表 2-3　鱼跃酱油海报文案设计

内容	示例	你的设计
主题	鱼跃酱油	
卖点	古法酿造，回味悠长 酱香浓郁，口味纯正	
工艺	180天自然露晒发酵	
设计意图	通过对鱼跃酱油的工艺、口感等文案的提炼，打动消费者，通过排版设计增强画面吸引力	

表 2-4　鱼跃酱油详情页文案设计

内容	示例	你的设计
首焦图	鱼跃母子酱油 以酱制酱，母子同缸 180天自然露晒发酵	
产品信息	产品名称、配料表、产品标准号、生产许可证、储藏方法、保质期、产地、添加剂、规格、食品工艺、包装方式等内容	
产品原料产地展示	好生态，好水源 秀山丽水，养生福地	
产品工艺	千年技艺，创新传承 浸豆—蒸料—摊凉—制曲—拌曲—露晒—压榨—煎酱油—入坛	
产品品质	营养成分表 国家特级水准的鲜味酱油	
产品功能	酱油饭 蚕豆饭 凉拌藕片 酱油肉	
品牌故事	鱼跃百年，百年愉悦 ……	
常见问题	关于发货地 配送区域 发货时间 物流快递	
设计意图	多方面、多角度介绍鱼跃酱油，吸引消费者产生购买兴趣	

任务二　制作莲都鱼跃主图

● 任务描述

产品主图即买家搜索得到结果后首先看到的图片,以及打开宝贝页面后显示的第一张图片。因此在设计产品主图时,应遵循主体突出,画面风格统一的原则。本任务以鱼跃酱油和桔醋为例,设计并制作产品主图。

● 任务目标

1. 利用网络搜索进一步了解鱼跃酱油、鱼跃桔醋的产品特点;
2. 根据鱼跃酱油的产品特点,设计并制作一张白底主图;
3. 根据鱼跃桔醋的产品特点,设计并制作一张复杂背景主图。

● 任务讨论

1. 如何在主图中有效呈现产品的特点?
2. 制作主图有哪些必需元素?
3. 制作主图需要用到哪些工具?

● 任务实施

在制作产品主图前,首先需要对主图样式、风格进行分析,然后再进行设计。产品主图一般包含主图背景、商品图片、店铺 Logo、促销信息等内容。其基本尺寸一般为 800 像素 ×800 像素,文件大小不超过 3 MB。一般来说,主图按背景可分为白底主图和复杂背景主图。本任务以"鱼跃"品牌系列产品中的"原味酱油"和"桔醋"为例,进行白底主图和复杂背景主图的设计,如图 2-2 和图 2-3 所示。

图 2-2　白底主图

图 2-3　复杂背景主图

一、制作白底主图

（1）新建文件。启动 Photoshop 软件，执行菜单栏中的"文件"→"新建"命令，创建一个宽 800 像素、高 800 像素，分辨率为 72 像素/英寸，颜色模式为 RGB 颜色的空白文档。

（2）绘制背景。选择"渐变"工具，填充"大红—深红"线性渐变（R:220G:3B:3、R:155G:6B:6）；选择"圆角矩形"工具，绘制圆角矩形，参数如图 2-4 所示。

图 2-4　矩形参数

（3）拖入产品素材。打开"原味酱油"素材图，选择"魔棒"工具选取背景，按 Ctrl+Shift+I 组合键反向选择产品选区，选择"移动"工具拖入文档中。使用以上方法同时拖入"原味酱油组合"和"鱼跃 Logo"素材图。

（4）绘制阴影。选择"椭圆选框"工具，绘制如图 2-2 所示的阴影区域，填充黑色，执行"滤镜"→"模糊"→"高斯模糊"命令，高斯模糊半径为"8 像素"，并设置图层不透明度为 50%。

（5）绘制"热销"图标。选择"多边形"工具，绘制多边形，具体参数如图 2-5 所示；输入"热销"文字，字体为黑体，颜色为黄色，调整位置及大小并居中。

图 2-5　多边形参数

（6）输入文字。输入"炒菜上色"等卖点提炼文字，选择"多边形"工具，绘制小三角形，具体参数如图 2-6 所示。

图 2-6　三角形参数

（7）绘制圆形"领券"图标。选择"椭圆"工具，绘制圆形，具体参数如图 2-7 所示；输入"领券更优惠"字样，调整文字至合适大小，位置居中。

图 2-7　圆形参数

（8）输入广告语。输入"用心酿造一瓶好酱"字样。
（9）保存。执行"文件"→"另存为"命令，存储为 PSD 格式。

二、制作复杂背景主图

（1）新建文件。启动 Photoshop 软件，执行菜单栏中的"文件"→"新建"命令，创建一个宽 800 像素、高 800 像素，分辨率为 72 像素/英寸，颜色模式为 RGB 颜色的空白文档。

（2）绘制背景。填充背景颜色为深灰色（R:181G:167B:138）；选择"矩形选框"工具■，绘制"桌面"，并使用"渐变"工具■，填充"浅米色—深米色"径向渐变（R:248G:238B:218、R:203G:188B:156）；选择"矩形选框"工具■，绘制"墙面"，并使用"渐变"工具■，填充"浅米色—深米色"线性渐变（R:216G:201B:170、R:187G:174B:147），如图2-8所示。

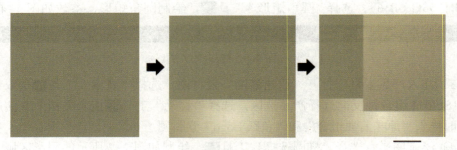

图2-8　绘制背景

（3）绘制条形装饰。选择"矩形选框"工具■，绘制长方形，并填充黄色（R:233G:183B:88）；按Ctrl+J组合键快速复制若干个图层，选中所有复制图层，选择"移动"工具■，单击选项栏中"按左分布"按钮■，按Ctrl+G组合键将所有条形图层建组，复制组，执行"自由变换"→"透视"命令，拖出桌面透视形状，如图2-9所示。

图2-9　绘制条形装饰

（4）拖入产品素材。打开"桔醋"素材图，选择"魔棒"工具■，选取背景，按Ctrl+Shift+I组合键反向选择产品选区，选择"移动"工具■拖入文档中。

（5）绘制阴影。选择"椭圆选框"工具■，绘制如图2-3所示的阴影区域，填充黑色，执行"滤镜"→"模糊"→"高斯模糊"命令，高斯模糊半径为"8像素"，并设置图层不透明度为50%。

（6）拖入装饰素材。打开"橙子"和"叶子"素材，选择"移动"工具■拖入文档中，调整不透明度，摆放到合适位置。

（7）输入标题文字。输入"鱼跃桔醋"字样，设置字体和字号，双击图层打开图层样式，添加投影，参数如图2-10所示。

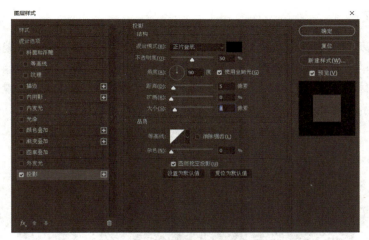

图 2-10 图层样式参数

（8）绘制圆角矩形。选择"圆角矩形"工具 ，绘制圆角矩形，参数如图 2-11 所示；选择"文字"工具 ，输入"美容养颜养生"字样，调整字体、字号、字间距并设置居中摆放。

图 2-11 矩形参数

（9）保存。执行"文件"→"另存为"命令，存储为 PSD 格式。

任务三　制作莲都鱼跃海报

● 任务描述

产品推广海报可以有效地提升店面访问量和产品销售量。本任务为产品鱼跃酱醋制作促销海报。

● 任务目标

根据海报投放的功能特点，设计并制作产品促销海报。

● 任务讨论

1. 依据功能特点，可以在海报中添加哪些元素？
2. 设计促销海报时应考虑哪些因素？
3. 促销海报制作时需要用到哪些工具？

● **任务实施**

海报以鱼跃产品为主，边框式编排，文案居中，简洁大方；背景以偏黑色的暗色为主，制作相应的纹理，使画面协调性更强；文字经过处理，制作成与产品主体相仿的质感，使海报整体内容更加直观、生动、具体地表现出来，加深消费者的视觉印象，使消费者产生联想的画面感，如图 2-12 所示。

图 2-12 海报案例

（1）新建大小为 1 920 像素 ×800 像素，分辨率为 72 像素/英寸，名称为"浙江鱼跃"的白色海报，如图 2-13 所示。

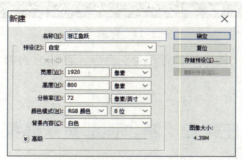

图 2-13 新建文档

（2）将素材"背景.jpg"打开放至当前文件中，调整位置；选择"渐变"工具，从 20% 透明度的白色向 0% 透明度进行径向渐变，如图 2-14 所示。

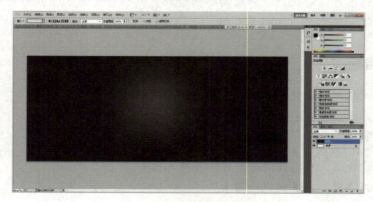

图 2-14 背景填充

（3）打开"鱼跃 Logo"素材图，选择"魔棒"工具 选取背景，按 Ctrl+Shift+I 组合键反向选择产品选区，选择"移动"工具 拖入文档中合适位置，执行"图像"→"调整"→"调整色彩平衡（+100，0，-100）"命令，如图 2-15 和图 2-16 所示。

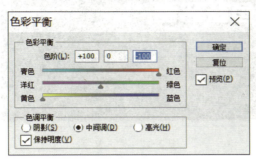

图 2-15　调整色彩平衡

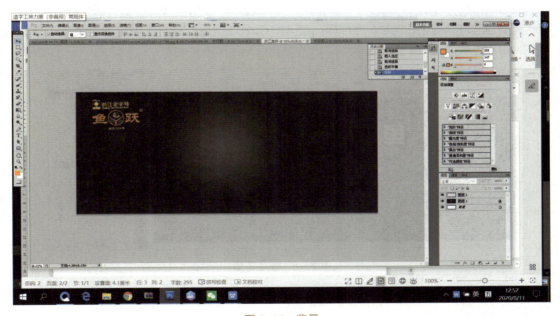

图 2-16　背景

（4）创建新组"文案"，选择"横排文字"工具，字体格式为"迷你简菱心，124 点，平滑，#000000"，输入文字"鱼跃酱醋"，按 Ctrl+J 组合键复制该文本图层，将文本颜色更改为 #ffffff，稍移动位置形成错位；继续选择"横排文字"工具，字体格式设置为"造字工房童心，81 点，平滑，#fede04"，输入"酱香浓郁　口味纯正"，调整角度位置；继续选择"横排文字"工具，字体格式设置为"微软雅黑，48 点，平滑，#fede04"，输入"180 天自然露晒发酵"，调整角度位置；字体格式设置为"造字工房致黑，48 点，平滑，#fede04"，输入"古法酿造　回味悠长"，调整位置，如图 2-17 所示。

图 2-17　输入文字

（5）将前景色设为 #ffbe02，背景色设为 #ff6d00，在"酱香浓郁 口味纯正"图层上创建新图层，使用"矩形选框"工具建立矩形选区，使用"渐变"工具制作渐变效果；以"酱香浓郁 口味纯正"文本为目标，按 Alt+Ctrl+G 组合键执行"创建剪贴蒙版"命令，如图 2-18 所示。

图 2-18　创建蒙版

（6）打开"礼盒"素材图，抠选出产品素材，调整大小，拖入文档中合适位置，如图 2-19 所示。

图 2-19　插入产品

（7）打开"酱油碟子"素材图，抠选出产品素材，调整大小，放置文档中合适位置。保存文件，完成鱼跃酱醋海报展示图设计，如图 2-20 所示。

图 2-20　海报图

任务四　制作莲都鱼跃详情页

● **任务描述**

产品详情页是商家提高转化率的关键，详情页制作的好坏直接决定了产品的销量。本任务为"鱼跃"系列产品中的"母子酱油"详情页的设计与制作。

● **任务目标**

产品详情页在进行设计之前，要先对整体的设计效果起草一个框架，目的是在设计时不会出现盲目、无从下手的情况。本任务以"鱼跃"系列产品中的"母子酱油"为例进行详情页设计。

● **任务讨论**

1. 分析产品特点和消费者的需求，确定详情页风格。
2. 一般详情页包含哪些模块？
3. 详情页制作时需要用到哪些工具？

● **任务实施**

产品详情页在进行设计之前，要先对整体的设计效果起草一个框架，目的是在设计时不会出现盲目、无从下手的情况。本任务以"鱼跃"系列产品中的"母子酱油"为例进行详情页设计，结构如图 2-21 所示。

图 2-21　产品详情页框架

一、产品照片抠图

产品的拍摄照片通常为白色，在制作详情页时首先要对选择的产品照片进行处理，并且进行抠图，以备后序使用，操作步骤如下：

（1）启动 Photoshop 软件，执行菜单栏中"文件"→"打开"命令，打开"鱼跃"的产品素材文件，如图 2-22 所示。

图 2-22　素材图

（2）打开的素材可以采用两种方法进行抠图：一种是对白色背景的图片，这里只要使用"魔术橡皮擦"工具，在白色背景上单击，就可以快速将背景去掉，如图 2-23 所示；另一种是有复杂背景的照片，可以运用"魔棒"工具、"快速选择"工具、"套索"工具等来创建选区，或者运用"钢笔"工具来创建路径选出产品，方法可自选，如图 2-24 所示。

项目二　特产营销之莲都鱼跃

图 2-23　抠取素材 1

图 2-24　抠取素材 2

（3）抠图完毕后，将图片存储为 PNG 格式，以备后用，如图 2-25 所示。

图 2-25　存储

二、产品整体展示

在首焦图中，应该列出产品的最核心卖点，例如，酱油的核心卖点可以是"新鲜原酿""自然风味""头道原汁""古法酿造"等，这些是最能吸引消费者继续了解产品的特点。

（1）启动 Photoshop 软件，执行菜单栏中"文件"→"新建"命令，新建一个宽度为 750 像素、高度为 750 像素、分辨率为 72 像素 / 英寸的空白文档。

（2）执行菜单栏中"文件"→"打开"命令，打开备用素材，如图 2-26 所示。

图 2-26　素材

（3）将素材图像拖拽到新建的空白文档中，调整位置和大小，再给图层 1 加上图层蒙版，图层蒙版中从上到下填充"黑—白"的渐变效果，效果如图 2-27 所示。

图 2-27　添加图层蒙版

（4）将"鱼跃母子酱油"素材拖入文档中，调整位置大小，将瓶身调整到竖直的位置，对瓶身文字部分使用"锐化"滤镜，以解决照片素材在拍摄时导致的商标文字不清晰的情况，并加上文字及商标，效果如图 2-28 所示。

图 2-28　添加文字和商标

(5) 给图片加入 Logo 及大豆素材，完成后的效果如图 2-29 所示。

图 2-29　完成效果

三、产品信息

　　酱油的产品信息应该包含产品名称、配料表、产品标准号、生产许可证、储藏方法、保质期、产地、添加剂、规格、食品工艺、包装方式等内容，可以采用表格等形式排版，以便于消费者快速了解产品的基本参数，如图 2-30 所示。

图 2-30　产品信息

四、产品原料及产地展示

好的产地才能产出好的原料，好的原料才能制出好的产品。在详情页中，可以介绍产品的优质"出生"，让消费者对产品更放心、更安心。如浙江省丽水养生福地、鱼跃经典酱油是以精心选择的优质大豆作为原料，就可以在设计时突出说明。

（1）新建宽度为 750 像素、高度不限的空白文档。

（2）将产地风景照片拖入文档中，调整位置大小，将照片抠出圆形，添加适当的图层样式。

（3）在图中添加文字"秀山丽水 养生福地"，效果如图 2-31 所示。

（4）若遇到文档高度不够的情况，可以执行菜单栏中"图像"→"画布大小"命令，在"画布大小"对话框"定位"选项中将中心点移至如图 2-32 所示的位置，再去设置文档高度值，即可调整文档的高度。

图 2-31 添加文字

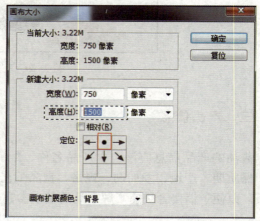

图 2-32 调整画布

五、产品工艺展示

不同的制作工艺使酱油的口感有着非常大的区别，也是消费者在选择酱油时需要考虑的重要因素。例如，鱼跃经典酱油采用传统工艺，经 180 天自然露晒发酵而成，不添加鲜味剂，完美保持了酱油的自然酱香。所以，在制作详情页文案时需要将工艺技术体现出来，甚至在原材料的选择上也要作出说明。操作步骤如下：

（1）接上一文档继续制作"产品工艺展示"。

（2）在文档中添加"鱼跃百年 百年愉悦"的文字作为小标题。

（3）添加"土法制酱技艺系列人偶图"到文档中，并添加文字说明，如图 2-33 所示。

图 2-33　产品工艺展示

（4）添加企业实景的照片，并配以文字，如图 2-34 所示。

图 2-34　添加实景图

六、产品品质展示

酱油经长期发酵富含多种人体必需氨基酸等营养元素，不同品牌的酱油营养元素含量、品质各不同，高品质酱油在详情页设计中应强调自己的品质优点。同时，在文案表达的过程中，可以多使用数据说话，这样会让文案更加具有可信度，也可以进行相应的标准展示。

操作步骤与前面相同，效果如图 2-35 所示。

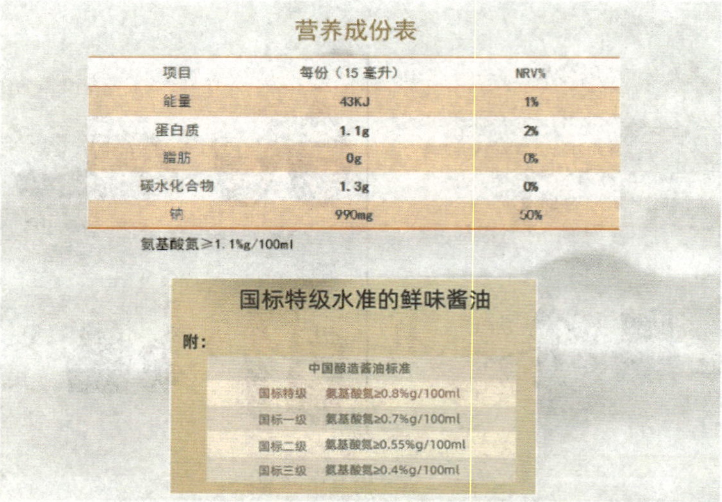

图 2-35 产品品质展示

七、产品功能展示

详情页中应对产品功能进行详细的展示，提升消费者对产品的认识，清楚地传达给消费者购买产品带给他们的实际利益点。在展示自己产品的功能特点时，可以借助与其他品牌产品的特点进行对比来提升自己品牌的优势。在介绍酱油这款产品时，可以设计美食搭配展示，美食的图片非常容易激起消费者的购买欲望，也可以设计酱油的多种功用，如送父母、朋友等。操作步骤如下：

（1）将文档的高度加长。

（2）图文添加方法与前面相同，效果如图 2-36 所示。

图 2-36 产品功能展示

八、品牌故事

品牌故事是向消费者传递品牌价值观和文化观的重要渠道，对店铺营销起着积极的作用。消费者一旦产生共鸣，便会对品牌产生信任感，不会轻易改变。操作步骤如下：

（1）接着上一文档继续，如果文档高度不够，可以依照前面所述的方法，将文档高度加长。

（2）在文档中，将"鱼跃"的奖项照片在详情页里展现，步骤与上述相同，在此不再赘述，效果如图2-37所示。同样也可以展示鱼跃一些同品牌产品，效果如图2-38所示。

图 2-37　奖项展示

图 2-38　产品展示

九、FAQ（常见问题回答）

可以在详情页的尾部设计一些常见问题及回答，以减少客服工作和消费者的疑虑，给客户更多的购买理由。常见的可以设计购物须知，罗列一些关于消费者常见问题的答案，如产品发货地、配送的区域范围、发货时间和默认的物流快递公司等。

操作步骤与前面相同，在此不再赘述，效果如图2-39所示。

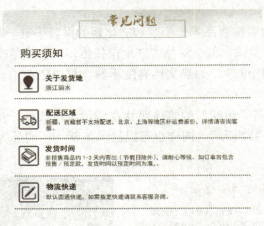

图2-39　常见问题

十、详情页拼合效果展示

合成详情页是指将之前制作的各个区域合成到一起，这样是为了在上传宝贝的详情内容时更加方便，在"图片空间"中也更容易查找。合成详情页的步骤如下：

（1）启动Photoshop软件，执行菜单栏中"文件"→"新建"命令，新建一个宽度为750像素、高度为9 570像素、分辨率为72像素/英寸的空白文档。

（2）打开之前制作的各个区域的文档，将文档存储为JPG格式。

（3）将所有的JPG文件拖入新的空白文档中，并摆好位置后，保存文档，效果如图2-40所示。

图2-40　效果展示

项目二　特产营销之莲都鱼跃

● **项目评价**

根据考核内容，学生完成自我小结并进行自评打分，教师根据学生活动情况进行点评并完成教师打分，最后按自我评分 ×40%+ 教师评分 ×60% 计算得分，见表 2-5。

表 2-5　考核评价表

类别	考核内容	配分	自我评价		教师评价		得分
			是否完成	评分	是否完成	评分	
任务完成情况	能够撰写鱼跃产品文案	25					
	会设计并制作鱼跃产品主图	25					
	会设计并制作鱼跃产品海报	25					
	会设计并制作鱼跃产品详情页	25					
	合计						
职业素养评价	具备溯源文化、创新文化的素养	35					
	具备热爱家乡、振兴乡村的服务意识	35					
	具备团队合作的能力和设计美感	30					
	合计						

项目三　特产营销之龙泉青瓷

项目介绍

龙泉是浙江省历史文化名城，位于浙江省西南部，与福建省接壤，以出产青瓷而著名。龙泉青瓷始于五代，盛于南宋，极具典雅、端庄、古朴、青淳之特色。产品种类涉及现代与仿古的人物、动物、花瓶、挂盘、茶具、文房用具，高档茶、酒、餐饮、药品皿具，灯具、版瓷版石及浮雕瓷画等，产品种类成百上千种。龙泉青瓷一直被誉为世界瓷器皇冠上的璀璨明珠。

文物普查发现，这里烧制青瓷的古代窑址有五百多处，仅龙泉市境内就有三百六十多处，这个庞大的瓷窑体系史称龙泉窑。龙泉窑是中国陶瓷史上烧制年代最长、窑址分布最广、产品质量最高、生产规模和外销范围最大的青瓷名窑。瞿翁武在1959年5月于龙泉瓷厂时赞叹"雨过天青云破处，梅子流酸泛绿时"。龙泉青瓷不仅是皇宫的贡品，而且是中国对外经济、文化交流的世界性商品。

本项目以龙泉青瓷为主线，设计了撰写龙泉青瓷文案、制作龙泉青瓷主图、制作龙泉青瓷海报和制作龙泉青瓷详情页四个任务，层层递进。

学习目标

【知识目标】
1. 了解龙泉青瓷的历史和制作工艺。
2. 理解龙泉青瓷的特点和价值。
3. 掌握龙泉青瓷的卖点。
4. 理解龙泉青瓷主图内容。
5. 理解龙泉青瓷促销海报内容。
6. 了解龙泉青瓷详情页内容。

【能力目标】
1. 能够撰写龙泉青瓷文案。
2. 会设计并制作龙泉青瓷主图。
3. 会设计并制作龙泉青瓷促销海报。
4. 会设计并制作龙泉青瓷详情页。

【素质目标】
1. 培养学生勇于发现、积极探索的电商新思维。

2.提升学生团队合作的能力和精益求精的工匠精神。
3.培养学生以技助乡、敬业爱岗的服务意识。

> 案例导入

龙泉青瓷：含蓄内敛的东方之美

瓷器鉴赏1如图3-1所示。

图3-1　粉青釉模印缠枝花卉纹案缸

粉青釉模印缠枝花卉纹案缸，品相良好，直径25 cm，高16 cm，卷缸沉稳端庄，平口，鼓腹下敛，胎体厚实，瓷釉凝洁，器身外壁施粉青釉，色泽素雅通透，粉润清幽，腹部统景模印缠枝花纹，内壁青釉细腻，全器刻画生动传神，纹饰威武庄严，是为一件清雅且高贵的文房用器，不可多得。

瓷器鉴赏2如图3-2所示。

图3-2　龙泉窑青釉模印十字杵纹盘

龙泉窑青釉模印十字杵纹盘，直径 17.5 cm，器物为元代龙泉窑器，盘心模印十字杵纹饰。十字杵为藏传佛教题材，出现在龙泉窑器物上十分少见。在元代景德镇窑的青花器中，也有十字杵出现。

瓷器鉴赏 3 如图 3-3 所示。

图 3-3 龙泉窑青釉贴塑鱼纹盘

龙泉窑青釉贴塑鱼纹盘，直径 19.5 cm，通体施龙泉青釉，釉水肥厚，莹润如玉，为经典龙泉作品"双鱼纹"，盘心处以首尾相向的两条鱼为饰，殊为经典，外壁刻莲瓣纹，线条洒脱。龙泉博物馆藏有与之风格相似的龙泉双鱼藏品，可兹参照。龙泉窑青瓷素负盛名，窑址在今浙江省龙泉市境内，宋元时期烧造盛极一时。邵蛰民撰《增补古今瓷器源流考》记龙泉窑青瓷"胎细体厚，釉浓式拙，色甚葱翠……"。

任务一　撰写龙泉青瓷文案

● **任务描述**

通过对龙泉青瓷的进一步探究，了解龙泉青瓷历史文化背景和制作工艺，理解龙泉青瓷的价值，提炼出龙泉青瓷吸引消费者的核心卖点，撰写出打动消费者的电商文案。

● **任务目标**

1. 利用网络搜索进一步了解龙泉青瓷的相关知识；
2. 利用 FABE 法则掌握产品卖点的挖掘方法；
3. 提炼龙泉青瓷的核心卖点，并撰写相应文案。

项目三 特产营销之龙泉青瓷

● **相关知识**

一、探寻龙泉青瓷产品价值

现如今日益复杂的社会关系、沉重的工作压力必将提升人们对安静、闲适的精神享受的追求，并希望在艺术品的收藏和鉴赏中得到精神上的陶冶。龙泉青瓷的艺术魅力恰好体现了自然、有缘的意境，从各专场拍卖会中可窥见龙泉青瓷产业将可能成为下一个艺术品投资新的增长点。

龙泉窑规模不减，声誉依然，明朝洪武年间《格古要论》记载："龙泉窑在今浙江处州府龙泉市，盛产处器（青瓷）"，供奉皇宫、达官贵人用的器皿仍由"饶、处（处州龙泉）等府烧造"，产品深受各地欢迎，"然上等价高，皆转货他处，县官未尝见也"（《菽园杂记》）。

明朝正统年间以著名匠师顾仕成为代表的作品，形制规整，釉厚色青，为国内外收藏家、鉴赏家所青睐。明朝成化、弘治后，产品质量下降，质粗色恶，难充雅玩矣，上品仅有葱色，余尽油灰色矣，制亦愈下。清代，龙泉窑产品胎质粗糙，釉色泛黄或泛灰。但值得一提的是，在中华人民共和国成立前，被古董商称为"乍浦龙泉"的青器经窑址调查证实为龙泉所产，这也许是龙泉窑最后一批产品了。

龙泉青瓷不仅行销全国各地及供宫廷御用，而且自宋代起通过陆路和海路远销亚、非、欧三大洲的许多国家和地区，正如历史地理学家陈桥驿教授所述："一千多年以来，就是这个县，以它品质优异的大量青瓷器，在世界各地为我们换回了巨额财富，赢得了莫大的荣誉，从中国东南沿海各港口起，循海道一直到印度洋沿岸的波斯湾、阿拉伯海、红海和东非沿岸……无处没有龙泉青瓷的踪迹。"明代中晚期，龙泉青瓷质量有所下降，而且当时有海禁，但海外各国仍迫切需求，龙泉青瓷仍源源不断运销海外。

龙泉青瓷在国内外享有极高的声誉。《大明会典》第194卷记载，当时外销青瓷盘每只价为一百五十贯。明代中期，龙泉青瓷传入欧洲，身价与黄金一样贵重，一般人难以问津。欧洲萨克森国王奥古斯特二世不惜重金购买龙泉青瓷，还为珍藏瓷器特地建造了一座宫殿。

欧洲各国文献称龙泉青瓷为"雪拉同"（Celadon），以欧洲名剧《牧羊女亚司泰来》男主角雪拉同美丽的服饰和风韵来形容。记录西方对中国瓷器贸易情况的《葡萄牙王国记述》一书，称龙泉青瓷是人们所发明的最美丽的东西，看起来要比所有的金、银或水晶都更可爱。目前，世界各个著名的历史博物馆大都有龙泉青瓷陈列专柜，许多收藏家、鉴赏家更是对龙泉青瓷情有独钟，爱不释手。

龙泉牌青瓷先后有200多件精品，均获得国家级新产品"金龙奖"。珍品哥窑61 cm迎宾盘、52 cm挂盘被誉为当代国宝。

七寸精嵌"哥窑"艺术挂盘被国务院定为国家级礼品，哥窑紫光盘、紫光瓶等

51件珍品被中南海紫光阁收藏陈列，送展30多个国际博览会，为国家领导人出国访问提供礼品，被国际各大博物馆收藏。

龙泉青瓷蜚声海内外，为中华民族艺术百花园中的一朵奇葩，是中国瓷器史上一颗灿烁的明珠。

二、运用FABE法则挖掘龙泉青瓷卖点

● 任务实施

利用互联网搜索龙泉青瓷相关知识，找出龙泉青瓷的卖点法则来挖掘龙泉青瓷的产品价值，见表3-1。

表3-1 龙泉青瓷产品价值挖掘

FABE法则	示例	你的卖点
F（产品特点）	"青如玉，明如镜，声如磬"，龙泉青瓷釉色青，光泽柔和，晶莹滋润	
A（优点）	古老工艺，青釉荣获"青瓷之花"的美称，蕴含历史、艺术、经济价值	
B（利益）	艺术投资品	
E（证明）	2005年，龙泉窑列入国家100处重点大遗址； 2006年，龙泉青瓷烧制技艺列入第一批国家级非物质文化遗产名录； 2009年，龙泉青瓷传统烧制技艺正式入选联合国教科文组织《人类非物质文化遗产代表作名录》； 多年来，世界各地陆续发现许多古代的龙泉青瓷，并收藏在世界各地博物馆，被视为珍品。龙泉青瓷在民间也备受藏家喜爱，在收藏市场拍卖价格屡创新高	

三、龙泉青瓷文案设计

想要写出能够抓住消费者目光的文案，必须先了解产品本身，从产品本身出发。

（一）产品特色

龙泉青瓷产品有两种：一种是白胎和朱砂胎青瓷，称为"弟窑"或"龙泉窑"；另一种是釉面开片的黑胎青瓷，称为"哥窑"。"弟窑"青瓷釉层丰润，釉色青碧，光泽柔和，晶莹滋润，胜似翡翠，有梅子青、粉青、月白、豆青、淡蓝、灰黄等不同釉色。

"哥窑"青瓷以瑰丽、古朴的纹片为装饰手段，如冰裂纹、蟹爪纹、牛毛纹、流水纹、鱼子纹、鳝血纹、百圾碎等，加之其釉层饱满、莹洁，素有"紫口铁足"之称，与釉面纹片相映，更显古朴、典雅，堪称瓷中珍品。现代的龙泉青瓷忠实地继承了中国传统的艺术风格，在继承和仿古的基础上，更有新的突破，研究成功紫铜色釉、高温黑色釉、虎斑色釉、赫色釉、茶叶末色釉、乌金釉和天青釉等，产品的文案可包括产品的特色，例如，龙泉青瓷有釉色之美、器型之美的产品特色。

（二）产品工艺

龙泉青瓷工艺流程由配料、成型、修坯、装饰、施釉、素烧、装匣、装窑、烧成九个环节组成。其中施釉和素烧两个环节极富特色。

（1）施釉：施釉可分为荡釉、浸釉、涂釉、喷釉等几个步骤。厚釉类产品通常要施釉数层，施一层素烧一次，再施釉，再素烧，如此反复四五次方可，最多者要施釉十层以上，然后才进入正烧。

（2）素烧：素烧温度比较低，一般在 800 ℃左右；而釉烧则在 1 200 ℃左右，按要求逐步升温、控温，控制窑内气氛，最后烧成成品。南宋至元代前期，龙泉窑曾烧制薄胎原釉器物，施一层釉烧一次，最厚可达十余层。

在撰写产品的文案时，尤其是青瓷这种收藏价值高的产品，可以将其独特的产品工艺进行描述，让消费者更直观地了解该产品的生成过程，从而了解其价值性。

（三）产品描述

在销售产品时，对产品自身的介绍是重中之重，只有让消费者了解到产品的艺术性，看懂产品，才会激发消费者的购买欲望。通过对产品的描述，例如，全手工莲瓣雕刻细腻自然，米黄釉沉稳尽显品质，以短短几个字来突出产品的特点及信息。

● **任务实施**

根据所学知识，完善表 3-2～表 3-4。

表 3-2 龙泉青瓷主图文案设计

内容	示例	你的设计
主题	匠心好器，东方之韵	
优势	简约、轻奢	
促销 1	赠送高档礼盒包装	
促销 2	拍下立减 20 元	
设计意图	突出产品价值吸引消费者进行购买	

表 3-3　龙泉青瓷海报文案设计

内容	示例	你的设计
主题	高温烧制　细腻好瓷	
特点	质美如玉 色泽淡雅 瓷质温润	
卖点	传统青瓷 品质优越	
促销	/	
设计意图	通过介绍龙泉青瓷的品质和特点吸引消费者，核心体现青瓷之美	

表 3-4　龙泉青瓷详情页文案设计

内容	示例	你的设计
首焦图	把千年时光浸泡成诗 匠心造物	
产品信息	品牌：龙泉青瓷 名称：弟窑茶具 产地：丽水龙泉 釉色：梅子青/粉青/米黄 工艺：龙泉传统工艺	
工艺描述	揉——手工揉泥，排除空气，瓷土均匀 拉——手工拉胚，从有到无 修——形状厚薄，皆能掌握 烧——浴火重生，高温烧制	
历史介绍	龙泉青瓷产品有两种：一种是白胎和朱砂胎青瓷，称为"弟窑"或"龙泉窑"；另一种是釉面开片的黑胎青瓷，称为"哥窑"。"弟窑"青瓷釉层丰润，釉色青碧，光泽柔和，晶莹滋润，胜似翡翠，有梅子青、粉青、月白、豆青、淡蓝、灰黄等不同釉色。"哥窑"青瓷以瑰丽、古朴的纹片为装饰手段，如冰裂纹、蟹爪纹、牛毛纹、流水纹、鱼子纹、鳝血纹、百圾碎等，加之其釉层饱满、莹洁，素有"紫口铁足"之称，与釉面纹片相映，更显古朴、典雅，堪称瓷中珍品	

续表

内容	示例	你的设计
价值	龙泉青瓷，人类非遗 龙泉青瓷传统烧制技艺于2009年9月30日正式入选联合国教科文组织《人类非物质文化遗产保护名录》	
设计意图	多方面多角度介绍龙泉青瓷的卖点，吸引消费者产生购买兴趣	

任务二　制作龙泉青瓷主图

● **任务描述**

产品的主图是消费者对商品的第一直观印象。主图是五张图片中点击率最高的一张，所以要能突出主打的卖点，其他四张主要展示产品的细节、颜色等。本任务以龙泉青瓷为例，设计制作一张主图。

● **任务目标**

根据龙泉青瓷的产品特点，设计并制作一张主图。

● **任务讨论**

1. 网店中常见的主图包括哪些？
2. 设计主图时应考虑哪些因素？
3. 如何优化商品主图，进而提高点击率？

● **任务实施**

（1）启动 Photoshop 软件，执行菜单栏中"文件"→"新建"命令，新建一个宽度为 800 像素、高度为 800 像素、分辨率为 72 像素/英寸的空白文档。

（2）拖入背景图片，如图 3-4 所示。

（3）新建图层"茶杯"，拖入图片，利用"魔棒"工具进行抠图。按 Ctrl+T 组合键，将其缩放为合适大小。

(4) 复制"茶杯"图层,垂直翻转图片,执行"图像"→"调整"→"去色"命令,使图片为灰色。添加图层蒙版,建立"白—黑"线性渐变,如图 3-5 所示。

图 3-4　背景图片　　　　　　　　图 3-5　添加图层蒙版

(5) 利用直排文本输入"龙泉"和"青瓷"。新建红色描边到椭圆形状,放置在合适位置,如图 3-6 所示。

(6) 新建颜色为 #84a89b 的矩形,输入文本"双十二返场满 200 减 25 元",添加"图层混合"选项中的"阴影效果",如图 3-7 所示。

图 3-6　输入文本　　　　　　　　图 3-7　主图效果

(7) 保存。执行"文件"→"另存为"命令,分别存储为 PSD 和 JPEG 格式。

任务三　制作龙泉青瓷海报

● **任务描述**

产品图是海报的核心内容,要选取拍摄效果精致的产品进行拍摄;背景图用于烘托产品的气氛;文案用于描述产品的基本属性或亮点。排版是为了让各个要素合理布局,彰显店铺的气质与品位。通过海报可以展示店铺的重点和亮点,其核心作用是吸引用户的眼球,提高店铺销量。本任务以"龙泉青瓷"为例,根据促销意图和产品风格与特点进行海报设计。

● **任务目标**

根据龙泉青瓷的特征和卖点,设计并制作产品海报。

● **任务讨论**

1. 海报的三大要素是什么?
2. 设计海报时应考虑哪些因素?
3. 海报制作时需要用到哪些工具?

● **任务实施**

(1)启动 Photoshop 软件,执行菜单栏中"文件"→"新建"命令,新建一个宽度为 1 280 像素、高度为 760 像素、分辨率为 72 像素/英寸的空白文档。

(2)拖入背景图片。

(3)新建图层"山",选择"钢笔"工具绘制如图 3-8 所示的形状,填充路径为黑色,更改图层不透明度为 8%。

图 3-8　钢笔绘制

(4)复制图层"山",按 Ctrl+T 组合键,缩小山的形状,并用"柔边缘橡皮擦"工具虚化图像四周。

(5)拖入图片"树枝",放置在合适位置,如图 3-9 所示。

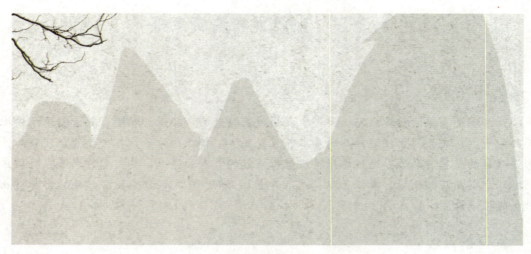

图 3-9　背景样式

（6）载入笔刷"泼墨"，新建图层"泼墨 1"，利用泼墨笔刷绘制，更改图层不透明度为 48%。

（7）复制"泼墨 1"图层，按 Ctrl+T 组合键，缩小比例为 75%，更改图层不透明度为 100%，如图 3-10 所示。

图 3-10　载入笔刷

（8）输入文字"青瓷"，字体为 136 号—云腾手书，放置在合适位置。

（9）输入直排文本"新品上市……"，字体为方正隶书简体，放置在合适位置，如图 3-11 所示。

图 3-11　添加文字

（10）拖入"青瓷"图片，放置在合适位置，如图 3-12 所示。

图 3-12　海报效果

（11）保存。执行"文件"→"另存为"命令，分别存储为 PSD 和 JPEG 格式。

任务四　制作龙泉青瓷详情页

● 任务描述

商品详情页是展示商品详细信息的页面，承载在网站的大部分流量和订单的入口。客户能通过产品详情提前了解产品的具体情况，如产品的材质、适合的人群、使用的方法，能减少退货、投诉等特殊情况，保持店铺的良好形象。此外，产品详情还可以建立起客户对店铺的信任，进行过一次满意消费的客户更可能因此成为店铺的忠实客户，这样商家也能有较高的客户复购率。本任务以"龙泉青瓷"为例,根据产品的功能和特点,结合海报的设计风格,进行详情页的设计。

● 任务目标

为龙泉青瓷礼盒制作详情页,按照产品特点和消费者的需求设计详情页。

● 任务讨论

1. 分析产品特点和消费者的需求,确定详情页风格。
2. 一般详情页包含哪些模块?
3. 详情页制作时需要用到哪些工具?

● 任务实施

(1) 启动 Photoshop 软件,执行菜单栏中"文件"→"新建"命令,新建一个宽度为 750 像素、高度为 1 750 像素、分辨率为 72 像素/英寸的空白文档。

(2) 更改图层背景颜色为 #f0f4f7,将图片 1 拖入到图层中,利用"柔边缘橡皮擦"工具虚化图片周围,如图 3-13 所示。

(3) 输入文本"青瓷品茗杯"和相关文字,放入合适位置,如图 3-14 所示。

图 3-13　柔化边缘

图 3-14　输入文字

(4) 在工具箱中选择"矩形"工具,单击鼠标按钮不放,在弹出列表中选择"圆角矩形"工具或按 Shift+U 组合键进行工具切换,选择半径为 3 px,填充颜色为 #811200。输入文字"龙",字体为"草檀斋毛泽东体",白色,38 号,如图 3-15 所示。

图 3-15　印章

（5）输入文字"产品参数"，字体为仿宋，黑色，36号。

（6）利用"钢笔"工具绘制如图 3-16 所示的形状，右击选择描边路径，完成形状。

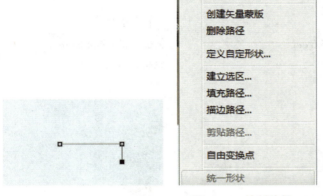

图 3-16　绘制路径

（7）复制图层，进行水平垂直翻转，放置在合适位置，如图 3-17 所示。

（8）输入青瓷相关文字介绍，字体为方正书宋，黑色，20号，如图 3-18 所示。

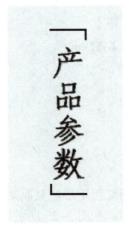

图 3-17　小标题　　　　　　　　　　图 3-18　商品详情

（9）在工具箱中选择"椭圆"工具，按住 Shift 键，拖动鼠标绘制 220 px×220 px 圆形，拖入杯子图片 1，创建剪贴蒙版。按照以上步骤完成 4 个杯子的绘制。

（10）输入青瓷相关文字介绍，字体为方正书宋，黑色，20 号，如图 3-19 所示。

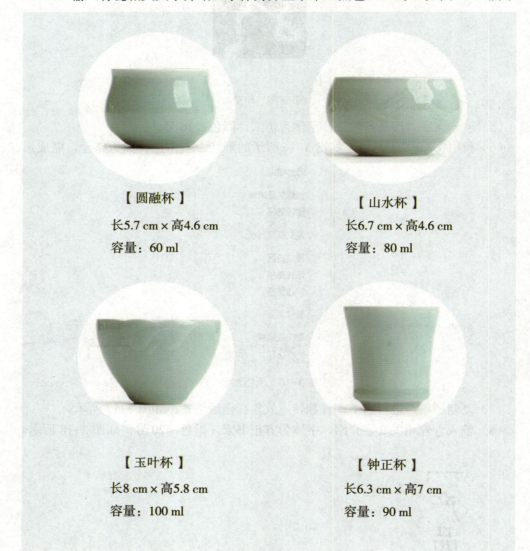

【圆融杯】
长5.7 cm×高4.6 cm
容量：60 ml

【山水杯】
长6.7 cm×高4.6 cm
容量：80 ml

【玉叶杯】
长8 cm×高5.8 cm
容量：100 ml

【钟正杯】
长6.3 cm×高7 cm
容量：90 ml

图 3-19　商品细节

（11）重复上述（7）、（8），完成产品展示。

（12）拖入图片 2~5，输入相关文字。

（13）拖入图片 6，输入文字"15 天无理由退换货"，绘制红色矩形，复制矩形图层，按 Ctrl+T 组合键，拉长矩形框，更改为白色，输入相应文字，如图 3-20 所示。

项目三　特产营销之龙泉青瓷

图 3-20　退换货图层

（14）保存。执行"文件"→"另存为"命令，分别存储为 PSD 和 JPEG 格式。详情页效果如图 3-21 所示。

图 3-21　详情页效果

053

● **项目评价**

根据考核内容，学生完成自我小结并进行自评打分，教师根据学生活动情况进行点评并完成教师打分，最后按自我评分×40%+教师评分×60%计算得分，见表3-5。

表3-5 考核评价表

类别	考核内容	配分	自我评价		教师评价		得分
			是否完成	评分	是否完成	评分	
任务完成情况	能够撰写龙泉青瓷文案	25					
	会设计并制作龙泉青瓷主图	25					
	会设计并制作龙泉青瓷促销海报	25					
	会设计并制作龙泉青瓷详情页	25					
	合计						
职业素养评价	培养学生勇于发现、积极探索的电商新思维	35					
	提升学生团队合作的能力和精益求精的工匠精神	35					
	培养学生以技助乡、敬业爱岗的服务意识	30					
	合计						

项目四　特产营销之青田石雕

项目介绍

青田石雕是丽水市经济和文化发展上一颗璀璨的明珠，具有很强的文化欣赏价值和经济价值。2022年，全国首家石雕抖音电商直播基地——青田抖音电商直播基地在青田石文化产业共富园正式投入运营，该基地不断推进青田石雕产业化、电商化转型和发展。

截至2022年一季度，直播基地签约商户693家，石文化产品日平均发货量达2 700多单，日平均销售额约为150万元，累计销售额超1.56亿。一块块石头，究竟是如何完成线下传统销售到线上新媒体运营的转变，为青田人民创造了颇丰的经济效益呢？

学习目标

【知识目标】
1. 了解青田石雕的产地和典故。
2. 了解青田石雕的产品价值。
3. 了解青田石雕的文案内容。

【能力目标】
1. 能够撰写青田石雕文案。
2. 会设计并制作青田石雕商品主图。
3. 会设计并制作青田石雕商品促销海报。
4. 会设计并制作青田石雕商品详情页。

【素质目标】
1. 提升学生的商品营销意识。
2. 培养学生的商业视觉和敏锐性。
3. 培养学生的创新意识和设计能力。

案例导入

石头上的绣花——青田石雕

青田石雕以其秀美的造型和精湛的工艺广为人们所喜爱，享有"在石头上绣花"的美誉。青田石雕是民间艺术宝库中一颗璀璨的明珠，历史悠久。

青田石产于浙江省丽水市青田县，故名青田石。青田县地处浙江省的东南部，瓯江中下游，有"中国石都世界青田"之称。青田石是我国四大国石之首，传说中为女娲补天的遗石，其中，封门青是三大印章之首。青田石雕自成流派，奔放大气，细腻精巧，形神兼备，基调为写实且尚意。青田石雕已经成为一个响当当的品牌，是丽水人民的骄傲。1992年，一套四枚名为《春》《高粱》《丰收》及《花好月圆》青田石雕邮票正式发行，四枚作品造型精美，寓意深刻，尽显青田石材的美丽和大师精湛的技艺。

以青田的"云修印石"为例，自2019年3月在微拍堂开播，仅一年微拍堂的销售额已达到1 000万元，实现了线上销售单件作品突破10万元的大关，"网络传播＋线上销售"必将成为今后的一大趋势。①

任务一　撰写青田石雕文案

● 任务描述

张佳是一名石雕工艺师，在抖音平台上开了自己的商品橱窗进行线上直播带货，今年她打算深入研究青田石雕，了解青田石雕的产地和典故，挖掘其产品价值，提炼出青田石雕的核心卖点，撰写优质电商文案，刺激客户的消费欲望。

● 任务目标

1. 利用网络搜索进一步了解青田石雕的相关知识；
2. 进一步掌握产品卖点的挖掘方法；
3. 提炼青田石雕的核心卖点，并撰写相应文案。

● 相关知识

一、探寻青田石雕诞生

青田县是"中国石雕之乡"，也是"中国石文化之都"。青田石是最具历史价值的国石，有着5 000多年的历史。直到清代，青田石雕吸收"巧玉石"制作工艺，开创了中国石雕"多层次镂雕"的技艺先河。青田石雕如图4-1所示，自成流派，奔放大气，细腻精巧，形神兼备，基调为写实且尚意。2006年5月20日，青田石雕入选第一批国家级非物质文化遗产名录。2018年5月，青田石雕入选第一批国家传统工艺振兴目录。

---

① https://baijiahao.baidu.com/s?id=1718656656858040859wfr=&spider&for=pc，来源：快点温州。

青田石以青色为基色主调,名品有灯光冻、鱼脑冻、酱油冻、封门青、不景冻、薄荷冻、田墨、田白等。该石质地柔美、色泽温润,是中国篆刻艺术应用最早、最广泛的印材之一。同时,青田石也具有极高的艺术收藏价值,经常被作为国礼赠送给外国领导人,每一件石雕作品都凝聚着青田工匠、石雕大师的心血,有的创作时间长达三五年。

青田石雕具有较强的社会功能与人文价值,它的用途很广,可以作为装饰摆件,制作成印章,作为建筑用材或作为礼品赠送等。总而言之,青田人民应积极借助电子商务的"东风",致力于打造新时代匠人文化平台,让守实而尚意,精妙而大气的青田石雕大步走出青田、走出丽水,向更多的人展示它的美,用互联网这一年轻的平台传承泱泱中华文明的辉煌。

图 4-1　青田石雕

二、挖掘产品价值

青田石雕具有艺术欣赏、经济、政治乃至社会生活的多元价值。

(一)产品价值

1. 艺术价值

青田石雕用材为青田石,如图 4-2 所示,此石学名为"叶蜡石",因其与其他地方的叶蜡石有所不同,色彩丰富、光泽秀润,质地细腻,软硬适中,可雕性极强。艺术家根据青田石本身的形态和颜色进行进一步的加工,加以他们的想象力,雕琢出的作品千姿百态,色彩斑斓。所以,青田石始终受石雕艺术大师的青睐,具有极强的艺术加工与欣赏价值。

图 4-2　色彩斑斓的青田石

2. 经济与收藏价值

"有石美如玉,青田天下雄;因材施雕琢,人巧夺天工。"青田石雕极高的艺术价值引发了人们的收藏爱好。而且凡藏品都具有一定的经济价值,无论书画还是石雕都具有潜在的经济效益。很多人对青田石雕的热爱已经到了无以复加的地步。据不完全统计,到目前为止,青田石雕有100多件精品被国内外国家博物馆收藏,有1 000多件精品被各省市博物馆收藏。在日常生活中,也会发现身边存在不少的石雕收藏者。

3. 社会功能与人文价值

(1)装饰摆件。因材施艺,以色取俏与精湛的镂雕工艺,青田石雕丰富了中国工艺美术。青田石雕以浙江省南部特有的青田石为主要原料,其艺术基调守实而尚意,精妙而大气。无论是单位或家里的办公桌摆件,还是女性身上的很多饰品,都可以以青田石雕刻而成。根据其石材种类及工艺的程度可以卖不同的价格。

(2)印章。煌煌中国印章史里,青田自有其不可磨灭的划时代贡献。正是它托起了一个海内外最负盛名的印学社团——西泠印社。从赵孟頫发端,到印学鼻祖文彭大为倡导,再到西泠派的开山鼻祖丁敬,到治印名家赵之谦,到篆刻大师吴昌硕,无不对青田石喜爱有加,如图4-3所示为典型的青田石雕印章。

图4-3 青田石雕印章

(3)建筑用材。由于对青田石的热爱,很多公司或个人在房屋装修时会选用部分青田石作为建筑用材,并辅以石雕工艺,提升房屋的美感。

(4)礼品赠送。青田石雕被用于人情往来、礼品赠送是十分常见的。中华人民共和国成立以后,青田石雕作为国礼,促进外交,增进友谊,体现了一定的政治价值。

(5)文化旅游。青田石雕特色小镇的创建,让石雕集合了"产业""文化""旅游"三位一体,形成了产业链,带动旅游业的发展。

（二）运用 FABE 法则

以青田石雕中的"老封门酱油冻'如意钮'"为例，用 FABE 法则来挖掘它的产品价值，见表 4-1。

表 4-1　FAB 法则分析青田石雕

"老封门酱油冻'如意钮'"产品价值挖掘	
F（产品特点）	①取材于罕见稀少的青田老封门酱油冻石材 ②个人手工雕刻，风格独特
A（优点）	①作品精美，包装大气，外形美观 ②出自大师之手，收藏价值高 ③青田石雕品牌知名度较高
B（利益）	①自用怡情，赠友表意 ②作品寓意丰富，象征平安如意、吉祥美满
E（证明）	①入选第一批国家级非物质文化遗产名录 ②入选第一批国家传统工艺振兴目录

（三）品牌价值竞争分析

目前，青田石雕的主要竞争对手来自被称为"中国四大石雕之乡"的另外三家：一是山东省的嘉祥石雕；二是福建省的惠安石雕；三是河北省的曲阳石雕，如图 4-4~图 4-6 所示。

图 4-4　嘉祥石雕

图 4-5　惠安石雕

图 4-6　曲阳石雕

就目前中国石雕行业的调查数据分析来看，青田石雕的市场份额占比最大，是实至名归的石雕之乡第一名。相对山东省的嘉祥石雕、福建省的惠安石雕、河北省的曲阳石雕来说，青田石雕在品牌价值、渠道覆盖方面都有十足的优势，而在广告投入方面却仍然势头不足。表 4-2 为青田石雕市场发展 SWOT 分析。

表 4-2　青田石雕市场发展 SWOT 分析

优势	劣势
①扎实的产业基础 ②一定的产学研究基础 ③广泛的群众基础 ④优越的区位条件	①人才组织和培养的问题 ②青田石雕原料保护的问题 ③青田石雕历史作品的收藏和研究严重不足
机会	威胁
①互联网直播平台的崛起，为更好的推广提供了平台 ②政府对传统文化的保护程度日益加深	①木雕、其他产地石雕等替代品的威胁 ②石雕技艺后继无人的危机

基于所学内容,请同学们思考:在电商运营中,青田石雕的店招、海报和详情页文案该如何设计呢?下面我们一起来探索吧!

三、青田石雕文案设计

(一)海报文案

海报文案几乎成了新时代每个电商人必备的技能,打开各大电商网店店铺首页,可以看到各式各样的海报,有的可以1秒抓住人们的眼球,有的直接被人忽视,是什么原因呢?海报文案就是关键所在。好的海报文案能很好地营造氛围,刺激人们的消费欲望。下面以青田石雕印章为例进行说明。

案例分析:在图4-7所示的海报中,主标题为"青田石""中国传统的四大印章石之一""不模仿/不随流/纯手工原创"的相关商品介绍,旨在突出品牌信息和价值;副标题为"促销价¥58",并设置在页面纵向分割的黄金比例处,较为醒目,很好地告知了消费者产品的活动信息;海报中还包含了"立即抢购"的操作引导语,增加消费者的点击率和购买率。

图4-7 青田石雕海报

(二)详情页文案

当下,不少淘宝天猫店开始做视觉电商,花更多的心思在店铺装修上,很多电商在有意识地打造自己的店铺风格与品牌。其中,详情页在店铺装修中占有举足轻重的地位,好的详情页能减轻客服压力的同时降低买卖成本,引导下单,增加产品转化率。针对青田石雕相关的产品,大致可从以下几点着手其详情页的设计。

1. 产品的整体展示

在首焦图中,青田石雕的核心卖点应该重点体现其石材材质及用途上面,如图4-8

中"自用怡情，赠友表意""青田老封门酱油冻""如意钮"等。作为石雕作品，这些是最能吸引消费者继续了解产品的特点。另外，石雕作品的文案风格尽量采用文艺风，既要言简意赅，又不失雅趣，同时，凸显产品本身的艺术魅力。

图 4-8　如意钮

2. 产品信息

青田石雕的产品信息应该包含产品名称、主题、材质、规格、产品介绍、雕刻工艺、作者等内容，可以用表格等形式排版，以便于消费者快速了解产品的基本参数。其中，原料材质是最重要的信息，可以多做说明，如青田老封门酱油冻是稀少石材，可以在后面加上"稀少品种"的备注，如图 4-9 所示。

作品信息
石为器·印为信

品名：青田老封门酱油冻"如意钮"
规格：1.7 cm×4 cm
材质：青田老封门酱油冻（稀少品种）
作者：
工艺：手工石雕

实物拍摄，不同拍摄环境和不同的显示器设置，会导致不可避免的色差；宝贝为天然材质手工制品，本身的纹路和雕刻痕迹不属于瑕疵，请在网购前有所了解。

图 4-9　产品信息

3. 产品原料展示

对于青田石雕购买者来说，判断一件石雕作品好坏，一半取决于雕刻大师的雕刻技艺，另一半取决于其自身的材质。在详情中，可以突出产品的"用心选料"，让消费者对产品的价值满意度大大增加，如图 4-10 所示。

图 4-10　产品原料展示

4. 产品细节展示

无论什么产品，作为卖家都应该告诉别人产品的相关细节，这不仅是对消费者的负责，也是对产品本身的一种变相推广法，只有消费者看到了产品的细节展示，才能奠定购买的基础。青田石雕是极其讲究工艺和色泽的，所以，在制作详情页文案时需要将产品细节进行体现，如图 4-11 所示。

图 4-11　细节展示

5. 产品功能展示

在介绍青田石雕这款产品时，可以与设计礼盒进行搭配展示，充满魅力的石雕盛放在精美的礼盒中的图片容易激起消费者的购买欲望；也可以设计青田石雕的多种功用，如送礼、家中摆放、挂饰等，如图 4-12 所示。

图 4-12　产品功能展示

6. 作者信息展示

石雕大师对于石雕作品的价值影响程度极高，是向消费者传递品牌价值观和文化观的重要渠道，对于店铺的营销起着积极的作用。作品的作者如果具有较高的专业程度及好评度会直接促使消费者对品牌产生信任感，并且不会轻易改变。另外，展示作者信息可以让本身就喜欢该作者的消费者慕名而来，刺激消费，如图 4-13 所示。

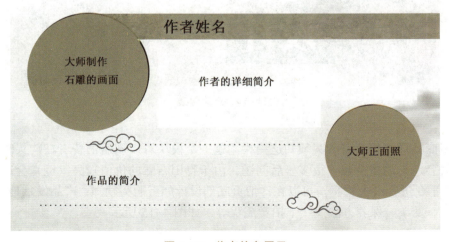

图 4-13　作者信息展示

7. 产品包装

产品包装,是消费者对产品的视觉体验,是产品个性的直接和主要传递者,是商家形象定位的直接表现。策略定位准确、符合消费者心理的产品包装设计,能帮助商家在众多竞争品牌中脱颖而出,并使其赢得可靠的声誉。青田石雕作为艺术品,可以选择接受规格定制,以及选择外形简约复古、内部为海绵结构的棉麻材质礼盒进行包装,一方面增加产品高档精致之感,凸显文艺风格;另一方面还能保护石雕作品,让其免于不必要的损坏,如图4-14所示。

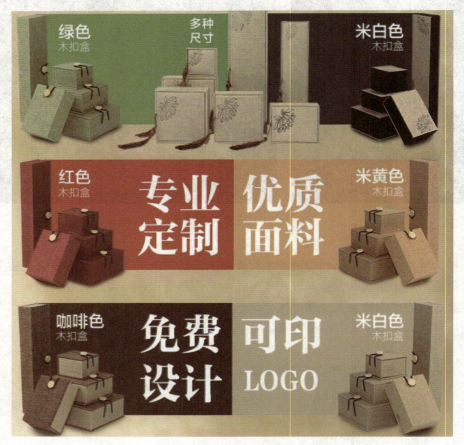

图4-14 产品包装

8. FAQ(常见问题解答)

很多商品详情页都有购买须知这一栏,这一个模块可以规避消费者在购买时产生不必要的误会,为消费者减少很多售后问题。由于青田石雕的价值较高,经常会通过"阿里拍卖"平台进行线上拍卖,可以在详情页底部设计如下购买须知:产品发货地、售后、色差警示、发票、保养方法及线上拍卖流程等,如图4-15所示。

拍卖须知

【关于色差】
所有拍卖作品均为实物多角度拍摄、全方位展示、尽量还原实物，除剪切大小外无其他处理，因光线、显示器不同等问题，难免造成不同程度的色差，介意者慎拍。

【石材特性】
天然石质难免存在格裂、裂痕、杂质、石纹、石筋、坑洼等瑕疵，这都是天然石质形成的一种基本特性，追求完美者请慎拍。

【关于尺寸】
所有拍品尺寸、重量均为手工测量，有一定的误差，介意的朋友请慎拍，如果有疑问烦请出价前咨询客服。

【关于发票】
竞拍价格不含税费，如有需要，烦请联系客服。

【关于发货】
竞拍成功付款后我们将在72小时内发货，默认顺丰快递，如需其他快递请联系客服，大件拍品需要走物流，届时需到物流站自取，拍品在25千克内国内包邮，海外均不包邮。

【关于售后】
部分拍品未参加7天无理由退换货服务，请知悉。对于高价拍品我们将作保值处理，建议当面检查签收，如发现有错漏请24小时内提供照片以便我们及时换货，另收到拍品后如有任何其他问题，请与客服联系，我们将竭诚为您服务。

青田石雕简介及保养

青田石产于浙江省青田县，主要矿物为叶蜡石，显蜡状，油脂、玻璃光泽，无透明、微透明至半透明，以青色基色为主调，色彩丰富，雅丽、水头足、不易跑色，抛光度好，质地坚密细致，是中国篆刻最早用的石种，有"印石之祖"之称，更是雕刻上品，与寿山石、昌化石、巴林石并称"四大国石"。

青田石雕是以青田石或全国各省及世界名地材质为载体，艺人们用精湛的技艺将其雕刻为花卉、动物、人物、植物、山水、神兽等作品，手工雕刻、抛光。镂空雕刻工艺为特色，享有"石头上绣花"的美誉，青田石近**千余年**的开采，资源已近枯竭,价格扶摇直上,是收藏增值的好选择。

青田石耐高温，一般封蜂蜡保养（极少部分石种用油保养），高温下将蜂蜡融化后涂在作品表面上，这不仅使石头与空气隔开，防止空气对石头的侵蚀，也可让石头保持原有的色彩，增加光泽度。如果石表沾上灰尘、污物，只需用软棉布或毛巾轻轻擦拭，即可恢复亮丽光彩，切忌用金属或其他硬物修刮，以免破坏明亮光滑的表层、适合摆放室内，避免阳光、强光长时间直射、暴晒、风吹。

图 4-15 购买须知

● **任务实施**

根据所学知识，完善表 4-3~ 表 4-5。

表 4-3　青田石雕主图文案设计

内容	示例	你的设计
主题	青田老封门酱油冻	
优势	自用怡情，赠友表意	
促销 1	青田印章石直销	
促销 2	到手价 ¥168	
设计意图	设置多种促销优惠，引导消费者进行购买	

表 4-4　青田石雕海报文案设计

内容	示例	你的设计
主题	青田石	
卖点 1	中国传统四大印章石之一	
卖点 2	不模仿 / 不随流 / 纯手工原创	
促销	促销价 ¥58。	
设计意图	展示品质，吸引消费者，体现印章石的高档性	

表 4-5　青田石雕详情页文案设计

内容	示例	你的设计
首焦图	自用怡情　赠友表意	
产品信息	品名：青田老封门酱油冻"如意钮" 规格：1.7 cm×4 cm 材质：青田老封门酱油冻（稀少品种） 作者： 工艺：手工石雕	
细节展示 1	石为器　印为信	
细节展示 2	我们在乎作品的每一个细节，手工篆刻，自然柔和	
设计意图	多方面、多角度介绍青田石雕的卖点，吸引消费者产生购买欲	

任务二　制作青田石雕主图

● **任务描述**

商品主图是消费者接触店铺商品信息的第一张图，只有主图成功吸引消费者的目光，才会提高消费者的购买欲望，从而进一步了解该商品信息。由于消费者搜索主图时浏览的速度较快，因此传达的信息越简单明确越容易被接受，如文案信息多、背景太杂等都会阻碍信息的传达。

● **任务目标**

根据青田石雕的产品特点，设计并制作黑底主图和复杂背景主图。

● **任务讨论**

1. 网店中常见的主图包括哪些？
2. 设计主图时应考虑哪些因素？
3. 主图制作时需要用到哪些工具？

● **任务实施**

本任务以青田封门青石雕产品为例，分别设计制作黑底主图和复杂背景主图，如图 4-16 所示。为了更好地衬托玉石的质感和贵重感，石雕的产品主图经常会以黑色为底，彰显青田玉石的光泽秀润、质地细腻。

 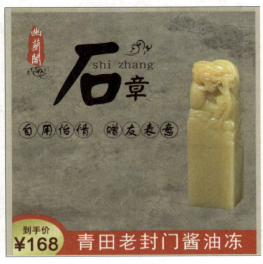

图 4-16　青田石雕主图

（一）制作黑底主图

（1）新建文件。启动 Photoshop 软件，执行菜单栏中"文件"→"新建"命令，创建一个宽度为 800 像素、高度为 800 像素、分辨率为 72 像素/英寸，颜色模式为 RGB 颜色的空白文档，如图 4-17 所示。

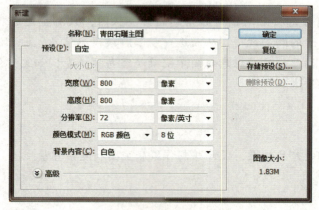

图 4-17　新建文件

（2）将背景色设置为黑色。

（3）打开素材图片"封门青.jpg"，抠取印章图片到主图中，调整大小和位置。单击菜单"图像"→"调整"→"色阶"，输入色阶（80，1.11，233），单击"确定"按钮，如图 4-18 所示。

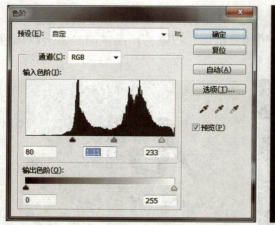

图 4-18　调整色阶

（4）打开素材图片"幽兰阁.jpg"，抠取图像到主图中，调整大小和位置。选择"直排文字"工具，输入文字"青田封门青"，文字为华文行楷，字号为 80 点，文字颜色为白色 #ffffff；调整位置，如图 4-19 所示。

图 4-19 抠图排版

（5）新建图层"底圆"，选择"椭圆选框"工具，在主图左下角绘制椭圆；选择"渐变"工具，设置线性渐变，颜色渐变（#d4c443，#f3eda9，#d4c443），从上至下填充椭圆，如图 4-20 所示。

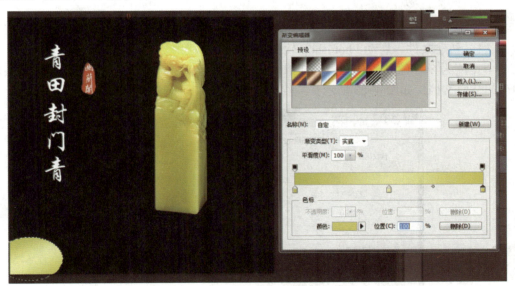

图 4-20 设置渐变

（6）新建图层"红色底圆"，单击菜单"选择"→"修改"→"扩展"，扩展选区 15 像素，填充红色 #de2519，将"红色底圆"图层调整到"底圆"图层下方；选择"矩形选框"工具，绘制矩形，填充红色 #de2519，如图 4-21 所示。

（7）输入文字"到手价"，设置字体为黑体，字号为 28 点，加粗，颜色为 #780d07；输入文字"¥168"，设置字体为 Arial，字号为 60 点，颜色为 #780d07，调整字体位置；输入文字"青田印章石直销"，设置字体为黑体，字号为 60 点，加粗，颜色 #fcf7f7，字间距加宽200，调整字体位置，如图4-22所示。

图4-21 制作红色底圆

图4-22 完整主图

（8）保存。执行"文件"→"另存为"命令，存储为PSD格式。

（二）制作复杂背景主图

（1）新建文件。启动Photoshop软件，执行菜单栏中"文件"→"新建"命令，创建一个宽度为800像素、高度为800像素、分辨率为72像素/英寸、颜色模式为RGB颜色的空白文档，如图4-23所示。

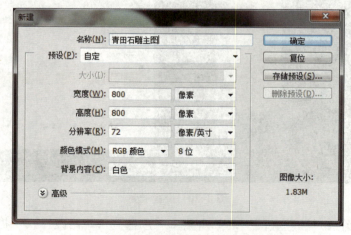

图4-23 新建文件

（2）打开素材图片"复古风.jpg"，抠取图片到主图中，调整大小位置。

（3）打开素材图片"封门青.jpg"，抠取图片到主图中，调整大小位置。选中图像，单击菜单"图像"→"调整"→"色相/饱和度"，调整色相值为-7，单击"确定"按钮，如图4-24所示。

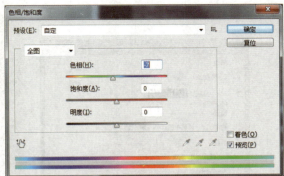

图 4-24 抠取素材和调整色相/饱和度

（4）打开素材图片"幽兰阁.jpg"和"石章.jpg"，抠取图片到主图中，调整位置及大小，如图 4-25 所示。

图 4-25 调整素材大小

（5）新建组，输入文字"自用怡情　赠友表意"，设置字体为方正舒体，字号为 48 点，字间距加宽 200 点。新建图层，选择"椭圆选框"工具，在文字四周绘制椭圆选框，用黑色 1 像素描边，位置居中，效果如图 4-26 所示。

（6）新建图层"底圆"，选择"椭圆选框"工具，在主图左下角绘制椭圆；选择"渐变"工具，设置线性渐变，颜色渐变（#d4c443，#f3eda9，#d4c443），从上至下填充椭圆，效果如图 4-27 所示。

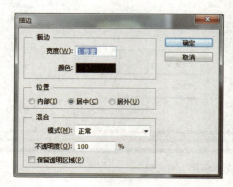
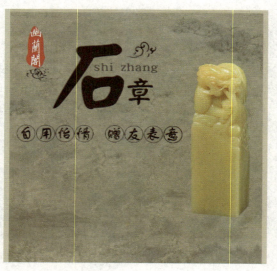

图 4-26 设置文字样式

（7）新建图层"红色底圆"，单击菜单"选择"→"修改"→"扩展"，扩展选区 15 像素，填充红色 #de2519，将"红色底圆"图层调整到"底圆"图层下方；选择"矩形选框"工具，绘制矩形，填充红色 #de2519，如图 4-28 所示。

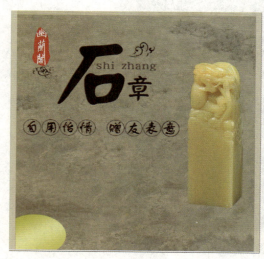
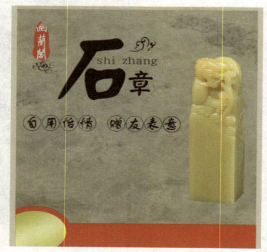

图 4-27 新建图层底圆　　　　　　　　图 4-28 设置红色底圆

（8）输入文字"到手价"，设置字体为黑体，字号为 28 点，加粗，颜色为 #780d07；输入文字"¥168"，设置字体为 Arial，字号为 60 点，颜色为 #780d07，调整字体位置；输入文字"青田印章石直销"，设置字体为黑体，60 点，加粗，颜色为 #fcf7f7，字间距加宽 200，调整字体位置，如图 4-29 所示。

图 4-29 主图效果

(9) 保存。执行"文件"→"另存为"命令,存储为 PSD 格式。

任务三 制作青田石雕海报

● **任务描述**

产品推广海报是店家向顾客展现自己优质产品的一种宣传海报,可以有效地提升店面访问量和产品销售量。本任务为制作产品东方青田石雕礼盒端午节前的促销海报。

● **任务目标**

根据海报投放的功能特点,设计并制作产品促销海报。

● **任务讨论**

1. 依据功能特点,可以在海报中添加哪些元素?
2. 设计促销海报时应考虑哪些因素?
3. 促销海报制作时需要用到哪些工具?

● **任务实施**

本任务为青田石雕印章的促销海报。由于石雕印章为中国传统艺术品,海报背景要以中国风为主调,灰色为主色,红色为辅助色,四款不同风格的石雕印章分布式排列,文案居左,用红色的矩形框和白色文字突出促销文案"立即抢购",突出重点,简洁大方;制作相应的纹理,使画面协调性更强;文字经过处理,方圆相间,体现了中国式印章之形,与产品主体质感相仿,使海报整体内容更直观、生动,视觉印象深刻,韵味悠长,如图4-30所示。

图4-30　青田石雕促销海报

操作步骤如下:

(1)新建大小为1 024像素×550像素,分辨率为72像素/英寸,名称为"青田石雕"的白色海报,如图4-31所示。

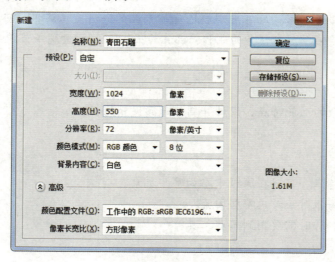

图4-31　新建文件

(2)将素材"背景.jpg"打开放至当前文件中,调整位置,如图4-32所示。

项目四　特产营销之青田石雕

图 4-32　打开背景素材

（3）将素材"印章石 .jpg"打开放至当前文件中，调整到合适位置。按 Ctrl+T 组合键放大图像，斜切至如图 4-33 所示的位置松开，再用"魔棒"工具清除印章石的白色背景。

图 4-33　调整产品素材大小

（4）新建图层"印章石名"，设置前景色为 #887d81，选择"圆角矩形"工具，工具模式为"像素"，半径为 5 像素，如图 4-34 所示，绘制印章石名底纹。输入文字"青田蓝星"，设置为白色，字体为幼圆，字号为 16 点；再重复输入文字"青田封门青""青田山炮绿""青田紫檀冻"，排列位置如图 4-34 所示。

图 4-34　新建图层"印章石名"

（5）打开素材"一物一拍"图片，拉到文件中合适位置，用"魔棒"工具删除白色背景，如图 4-35 所示。

图 4-35　打开素材"一物一拍"图片

（6）打开素材"印章"，拉到合适位置。输入文字"QINGTIANSHI"，字体为 Arial Rounded，字号为 24 点，颜色为 #c3ae93。选择"直线"工具，绘制两条直线，颜色为 #c3ae93，粗细为 2 像素，如图 4-36 所示。

项目四　特产营销之青田石雕

图 4-36　绘制直线

（7）输入文字"青"，设置字体为华文行楷，字号为 180 点，颜色为 #553526，再调整到合适位置，如图 4-37 所示。

图 4-37　设置字体样式

（8）选择"椭圆选框"工具，按住 Alt 键，绘制正圆形，填充颜色为 #ae0905。收缩选区为 5 像素，白色描边。输入文字"田"，字体设置为华文行楷，字号为 60 点，白色，再调整到合适位置。输入文字"石"，字体设置为华文行楷，字号为 60 点，颜色为 #553526，再调整到合适位置，如图 4-38 所示。

图 4-38 绘制正圆形

（9）新建图层，选择"矩形选框"工具绘制矩形，填充颜色为 #887d81。输入文字"中国传统的四大印章石之一"，设置字体为黑体，字号为 26 点，颜色为白色，字体间距加宽 100，调整位置。再输入文字"不模仿 / 不随流 / 纯手工原创"，设置字体为黑体，字号大小 24 点，颜色为 #553526，如图 4-39 所示。

图 4-39 绘制矩形

（10）输入文字"促销价"，设置字体为黑体，字号为 18 点，颜色为黑色；输入文字"¥58"，设置字体为微软雅黑，字号为 36 点，加粗。新建图层，绘制圆角矩形，颜色为红色 #ae0905；输入文字"立即抢购"，设置字体为黑体，字号为 30 点，颜色为白色，最后效果如图 4-40 所示。

图 4-40　输入产品文案

（11）文件存储为"青田石雕海报 .jpg"，保存到合适位置。

任务四　制作青田石雕详情页

● **任务描述**

买家在淘宝首页搜索并浏览商品的主图时，一般会直接进入商品详情页。商品详情页的好坏会直接影响消费者的停留时间和浏览转化率。由此可知，商品详情页的装修在店铺装修中至关重要。在制作青田石雕商品详情页时，通过巧妙地对商品进行摆拍、细节展示和作品信息，让商品看起来更吸引人，广告文案为文艺风格，既言简意赅，又不失雅趣，同时，凸显产品本身的艺术魅力，有助于消费者充分地了解青田石雕产品。

● **任务目标**

为青田石雕制作详情页，按照产品特点和消费者的需求设计详情页，包括产品整体展示、产品信息、产品细节展示三大模块。

● **任务讨论**

1. 分析产品特点和消费者的需求，确定详情页风格。
2. 一般详情页包含哪些模块？
3. 详情页制作时需要用到哪些工具？

● 任务实施

一、产品整体展示

整个详情页以黄色为主色调，与产品色调呼应，整体呈现文艺风格。文字中主标题采用黑色的仿古字体，突出体现石材材质及用途的核心卖点，文案既言简意赅，又不失雅趣，同时，凸显产品本身的艺术魅力。

详情页的产品整体展示模块如图 4-41 所示。其操作步骤如下：

（1）启动 Photoshop 软件，执行菜单栏中"文件"→"新建"命令，新建一个宽度为 1 080 像素、高度为 1 332 像素、分辨率为 72 像素/英寸的空白文档，命名为"产品整体.jpg"，如图 4-42 所示。

（2）打开素材图片"复古风.jpg"，复制图像到图像中；打开素材图片"石章.jpg"和"如意钮.jpg"，抠取素材到图像中，调整位置，如图 4-42 所示。

图 4-41 产品整体

图 4-42 新建文件

（3）新建组，输入文字"自用怡情　赠友表意"，设置字体为方正舒体，字号为 48 点，字间距加宽 200 点。新建图层，选择"椭圆选框"工具，在文字四周绘制椭圆选框，用黑色 1 像素描边，位置居中，效果如图 4-43 所示。

（4）给如意钮设置外发光效果，参数如图 4-43 所示。

（5）打开素材图片"幽兰阁.jpg"，抠取素材到图像中，调整位置。

（6）选择"直排文字"工具，输入文字"青田老封门酱油冻'如意钮'"，设置字体为楷体，字号为 60 点，颜色为黑色，如图 4-41 所示。

（7）保存。执行"文件"→"另存为"命令，存储为"产品整体.jpg"。

图 4-43　设置发光效果

二、产品信息

产品信息包含青田石雕产品的品名、主题、材质、规格、产品介绍、雕刻工艺、作者、类型等内容，文字简洁大方。若有特殊标注，如青田老封门酱油冻是稀少石材等信息，可以进行"稀少品种"备注。

详情页产品信息模块如图 4-45 所示。操作步骤如下：

（1）启动 Photoshop 软件，执行菜单栏中"文件"→"新建"命令，新建一个宽度为 880 像素、高度为 540 像素、分辨率为 72 像素 / 英寸的空白文档，命名为"产品信息 .jpg"。

（2）输入标题文字"作品信息"，设置字体为华文行楷，字号为 60 点，颜色为黑色。选择"直线"工具和"矩形"工具绘制，如图 4-44 所示。

（3）如图 4-45 所示，输入"品名："等文字，设置字体为华文行楷，字号为 36 点，颜色为黑色。输入文字"青田老封门酱油冻"等文字，设置字体为宋体，字号为 24 点，颜色为黑色。

图 4-44　制作标题　　　　　　　　　图 4-45　产品信息

（4）打开素材图片"如意钮 .jpg"，抠取素材到图像中，调整位置。设置前景色为黑色，选择"矩形"工具，工具模式为"路径"，在"如意钮"周围绘制黑色边框。

（5）选择"矩形选框"工具绘制矩形，用油漆桶填充颜色为 #e9e7e8。输入如

图 4-45 所示的文字，设置字体为黑体，字号为 17 点，颜色为 #e9e7e8。

（6）保存。执行"文件"→"另存为"命令，存储为"产品信息 .jpg"。

三、产品细节展示

细节展示模块是用细节描写展示产品，通过展示产品的细节，侧面呈现产品的卖点，让消费者有足够的理由选择该产品。在制作青田石雕产品详情页时，最大限度地把青田石雕的工艺和色泽完美的展示出来，可以有效地促成订单的成交。

详情页展示模块如图 4-46 所示。操作步骤如下：

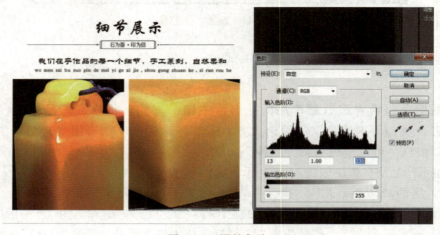

图 4-46 调整色阶

（1）启动 Photoshop 软件，执行菜单中的"文件"→"新建"命令，新建一个宽度为 880 像素、高度为 787 像素、分辨率为 72 像素/英寸的空白文档，命名为"产品细节 .jpg"。

（2）输入标题文字"细节展示"，设置字体为华文行楷，字号为 60 点，颜色为黑色。选择"直线"工具和"矩形"工具绘制，如图 4-47 所示。

（3）如图 4-48 所示，输入中文文字，设置字体为华文隶书，字号为 30 点，颜色为黑色。输入英文文字，设置字体为 Baskerville，字号为 18 点，颜色为黑色。

图 4-47 制作标题

（4）打开素材图片"如意钮 1"，按 Ctrl+T 组合键，调整大小和位置；单击菜单"图像"→"调整"→"色阶"，调整输入色阶（0，1.39，243），如图 4-48 所示。

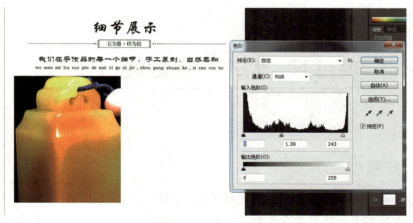

图 4-48　设置字体样式

（5）打开素材图片"如意钮 2"，按 Ctrl+T 组合键，调整大小和位置；单击菜单"图像"→"调整"→"色阶"，调整输入色阶（0，1.39，243），如图 4-46 所示。

（6）保存。执行"文件"→"另存为"命令，存储为"细节展示 .jpg"。

● 项目评价

根据考核内容，学生完成自我小结并进行自评打分，教师根据学生活动情况进行点评并完成教师打分，最后按自我评分 ×40%+ 教师评分 ×60% 计算得分，见表 4-6。

表 4-6　考核评价表

类别	考核内容	配分	自我评价		教师评价		得分
			自我小结	评分	教师点评	评分	
任务完成情况	能够撰写青田石雕文案	25					
	会设计并制作青田石雕主图	25					
	会设计并制作青田石雕促销海报	25					
	会设计并制作青田石雕详情页	25					
	合计						
职业素养评价	熟悉美工软件操作，设计思路清晰	35					
	具备一定的设计创意能力与团队沟通能力	35					
	工作态度认真、细致、严谨	30					
	合计						

项目五 特产营销之遂昌长粽

项目介绍

遂昌长粽是丽水市遂昌县的特色风味美食。2013年起,该产品从口味、配方、规格到包装、线上设计页面进行了全面升级,打造出"龙粽""东方长粽"等特色长粽。同时,通过深挖长粽文化,加强长粽宣传,发展长粽上下游产业,2020年为遂昌县老百姓带来超8 000万产值。小小长粽,究竟是如何蜕变成为大山里的香饽饽呢?

学习目标

【知识目标】
1. 了解遂昌长粽的产地和典故。
2. 了解遂昌长粽的产品价值。
3. 了解遂昌长粽的文案内容。

【能力目标】
1. 能够撰写遂昌长粽的文案。
2. 会设计并制作遂昌长粽的产品主图。
3. 会设计并制作遂昌长粽的产品促销海报。
4. 会设计并制作遂昌长粽的产品详情页。

【素质目标】
1. 提升学生的产品营销意识。
2. 培养学生的商业视觉和敏锐性。
3. 培养学生的创新意识和设计能力。

案例导入

粽长情长的遂昌长粽

2013年起,遂昌长粽在浙江省赶街电子商务有限公司的改进下,从口味、配方、规格到包装进行了全面升级,打造出"龙粽""东方长粽"等特色长粽。同时,遂昌县委县政府通过深挖长粽文化,加强长粽宣传,发展长粽上下游产业,将遂昌长粽打造成最具中国风、最具国货范的端午节大礼。2017年,遂昌县举办了"大过中国节,端午遂昌行"活动，龙排、长粽4次登上央视，10万根长粽通过互联网销往全球。2018年，遂昌包长粽、放龙排等传统特色活动先后16次登陆央视6个频道13个栏目，刮起一股"遂昌端午热"，全年长粽销量突破100万根，产值超2 000万。2019年，遂昌县王村口镇举办了70 m长粽感恩分享活动，献礼祖国70华诞。同年，遂昌长粽产值超5 000万。2020年，遂昌长粽产业再创佳绩，产值超8 000万。随着遂昌长粽销量节节攀升甚至供不应求，在打响品牌促进农民增收的同时，还通过分食长粽，传递了尊老、孝老、爱老的社会正能量，让传统文化焕发出新风采。可以说，长粽产业为遂昌实现"两山"转化、促进百姓增收致富打开了新通道[①]。

任务一　撰写遂昌长粽文案

● 任务描述

淘宝店主朱丽最近有些心烦，遂昌长粽在原有营销的过程中，被认为过时了，主要购买群体为中老年消费者，年轻消费者不愿意买单。她想通过网络销售推广遂昌长粽，从你的角度来看，她的营销文案应该怎样撰写才能吸引更多的年轻消费者？

● 任务目标

1. 利用网络进一步了解遂昌长粽相关知识；
2. 进一步挖掘遂昌长粽卖点；
3. 撰写相应文案。

● 相关知识

一、探寻产品诞生

粽子又称"角黍""筒粽"，是端午节汉族的传统节日食品，由粽叶包裹糯米蒸制而成。传说是为纪念屈原而流传的，是中国历史上文化积淀最深厚的传统食品。2010年12月，江西省德安县宋代古墓出土了两个实物粽子，据考证，这是目前世界上发现最早的实物粽。直到现在，每年的农历五月初五，中国百姓家家都要浸糯米、洗粽叶、包粽子，这种风俗也流传到朝鲜、日本及东南亚诸国。

端午节是民俗文化节，小小粽子包含着许多文化内涵，同样是端午节吃粽子，各地

---

① 70米！遂昌长粽再创新高，其实这背后是一份告白、一段情 [EB/OL]．（2019-06-04）.https://www.sohu.com/a/318592151_776242.

习俗也有差异，造型也因各地的民俗风情不同而异，说法也不尽相同，这包含着人民灿烂又质朴的智慧。说到端午的粽子，遂昌长粽是当地一绝，一个粽子有一尺来长，要吃还得一节节切着吃。

一直以来，遂昌就有"送端午"的习俗，新女婿要挑选端午前一个吉日将备好的礼物送给岳父岳母。尤其是结婚第二年的端午节，被称为"送大端午"，男方家要备齐厚礼送给女方父母及亲戚，而厚礼之一就是长粽。随着时间的推移不断演变，长粽成为最厚重的礼物存留至今。送上亲手制作的长粽，代表了男方家对女方家的尊重和诚意。此外，小孩过周岁，外婆也要包长粽，祝愿孩子长命百岁，健康快乐。

遂昌长粽的包法来自古法传承，要包好一根长粽的难度比四角粽要高得多，也需要花更多时间，即使是"包粽能手"一天最多也只能包 80 个左右，如今整个遂昌县会这门老手艺的阿姨也不多了。长粽每根长 21 cm 左右，需选用 4~6 张 7~8 cm 的野生箬叶，用生长在石壁泉溪的龙须草或粽丝紧紧扎圈，再经过 4~5 小时的柴火高温慢煮而成。通过纯手工包制、柴火蒸煮的长粽，既保证了其独特的外形，又保持了遂昌农家的独特风味。长粽色泽金黄油亮，入口润滑细嫩、柔软甜美、香糯可口，堪称"地方一绝"。

长情遂昌出长粽，长粽引来致富路。粽子香，香厨房；艾叶香，香满堂。高山箬叶里包的是长情，高山糯米里裹的是祝福。遂昌长粽吃的是每代人的传统和期盼。

二、挖掘产品价值

（一）产品价值

1. 解决实际问题

传统的四角粽，人们会当早饭食用，而且长粽因其粽身较长，人们总是将它切段与家人一起分享，因而有"分享粽"的名号。每逢端午，从祖辈到孙辈，大家都会因端午团聚起来，因长粽而共同分享。"大过中国节"系列包含龙粽和东方长粽。东方长粽礼盒配以 4 种不同口味的长粽，再加上特色端午茶，形成一个特色的精致礼盒。人们不仅可以分享食用口味独特的长粽，还能在夏日炎炎之际饮用一杯端午茶，达到清凉解毒的功效。

精致的礼盒，搭配 4 种不同口味的长粽，再加上地方特色的端午茶，这便是端午佳节送人佳礼，尤其是对于遂昌以外的中高层消费群体，满足了人们追求新鲜、喜欢个性化特色产品的心理。

2. 使用场景

"今年端午，颠覆传统"，长粽又名分享粽、长情粽。龙粽和东方长粽礼盒因独特的包装、丰富的口味，在端午节被人们购买应用。同时，由于其丰富的含义，过年过节人们也会购买长粽其他礼盒送人或自己食用。

3. 品牌价值

龙粽和东方长粽是由浙江赶街电子商务有限公司与浙江自然造物文化创意有限公司共同打造，龙粽长约为 40 cm，单根长粽配以精致的香囊单独成为礼盒；东方长粽长约 20 cm，配以端午茶，成为礼盒。两款产品均融入遂昌龙排、龙舟等特色文化元素，辅以大师撰写的"大过中国节"书法字样。精致的包装与标准化的长粽包装技艺树立了遂昌长粽的模板，受到了消费者的好评。长粽礼盒外部还可进行个性化定制，添加企业 Logo，成为企业送给员工过节礼首选。

随着遂昌长粽产业发展，除浙江赶街电子商务有限公司外，遂昌县涌现了更多长粽加工、养殖企业，带动了遂昌县当地产业发展。遂昌长粽已经成了遂昌县对外文化输出一张闪亮的名片。

4. 属性价值

遂昌长粽有别于传统四角粽，选料丰富、工序繁杂，原料全部选自农家自产的食材，用野生箬叶包扎成长条形，是粽子界特立独行的"高富帅"。馅料荤素黄金配比，香而不腻。经过几个小时的柴火高温慢煮，长粽粽身金黄油亮，入口润滑细嫩，柔软黏稠，肉汁鲜美，香糯可口。

（二）运用 FABE 法则

以长粽礼包为例，用 FABE 法则来挖掘它的产品价值，见表 5-1。

表 5-1 FABE 法则

	"长粽礼包"产品价值挖掘
F（产品特点）	礼盒包含乌米红豆粽、梅干菜肉粽、八宝杂粮粽、腊肉麦豆粽各一根，以及端午茶一盒
A（优点）	龙粽和东方长粽可以进行搭配销售，包装可以进行个性 Logo 定制，为消费者提供更多选择
B（利益）	大国中国节 端午也时尚
E（证明）	糯米：沥柴灰汁浸渍的高山糯米，含有丰富的植物碱，有益身体健康； 杂粮：源自遂昌农家种植，施农家肥； 猪肉：农家梅干菜及散养土猪后腿上的鲜肉； 箬叶：高海拔野生，单根长粽选用 4~6 张 7~8 cm 的野生箬叶； 龙须菜：原料来自生长在石壁泉溪的龙须草； 端午茶：采用藿香、野菊、桑叶、菖蒲、山苍柴、鱼腥草等植物配制而成，既可当作日常饮料，也可强身健体

三、遂昌长粽文案设计

优秀的产品文案，是为了让产品具有更高的认知度，更有效地把产品价值传达给目标消费者，更好地刺激目标消费者的购买欲望。文案是关于消费者感受的设计，而不是创造这些感受的文字设计。

在电商运营中，文案对产品的转化率有着非常重要的作用，无论是在海报、详情页制作中，都应该合理地设计文案。以遂昌长粽的海报和详情页文案设计为例，我们一起来看优秀的文案设计应该具备哪些元素。

（一）海报文案

海报文案需要至少包括活动或商品推荐的标题、操作引导词两个部分，基本遵循"一主（主标题）一副（副标题）一引导原则"。

主标题：用于展示活动/商品的突出卖点或痛点，体现海报最想要传达的主要信息或商品的核心卖点。

副标题：辅助说明活动/商品的相关介绍或其他卖点，针对主标题进行补充说明，进一步介绍活动/商品。

操作引导词：引导用户点击/参与，增加引导的动作性词汇，引导用户点击进入。

案例分析：在图5-1所示的海报中，主标题为"浓情端午 感恩献礼"，营造端午节庆氛围；副标题是"第2件半价"，体现产品活动，提高消费者对产品兴趣。同时，海报中还包含了"立即抢购"的操作引导词，引导消费者购买。

图5-1 东方长粽海报

（二）详情页文案

1. 产品的整体展示

在首焦图中，长粽的核心卖点是"民间传统食品"字样，以及"東方長粽mini+端午茶版"文字和搭配礼盒不同场景的图片，用以吸引消费者的注意力，如图5-2所示。

2. 产品信息

长粽的产品信息应该包含产品名称、产地、包装规格、口味、保质期等信息。配上4种口味粽子的截面图，直观地让消费者感知产品工艺及配料，如图5-3所示。

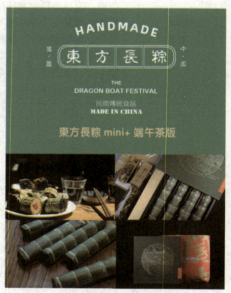

图5-2 产品的整体展示

项目五　特产营销之遂昌长粽

图 5-3　产品信息

3. 产品工艺展示

有别于四角粽的长粽，其复杂工艺是消费者最想了解的。长粽每根长 21 cm 左右，需选用 4~6 张 7~8 cm 的野生箬叶，用生长在石壁泉溪的龙须草或粽丝紧紧扎圈，再经过 4~5 小时的柴火高温慢煮而成。通过纯手工包制、柴火蒸煮的长粽，既保证了其独特的外形，又保持了遂昌农家的独特风味。制作工艺不仅要用文字说明，更要用图片展示，图文结合更为直观地展示产品技艺，这也是展示传统文化的机会，如图 5-4 和图 5-5 所示。

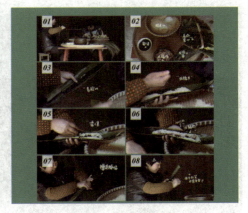

图 5-4　制作工艺说明　　　　图 5-5　制作工艺图示

4. 产品食用方法

遂昌长粽的蒸煮方法不同于传统粽子，长粽由于长度的原因，不能完全放入锅中蒸煮，因此，需要通过图文向消费者展示食用方法，可以将其切断进行蒸煮，也可以切断进行油煎，搭配食用照片，让消费者直观的了解粽子的食用方法，如图5-6和图5-7所示。

图5-6 食用方法说明

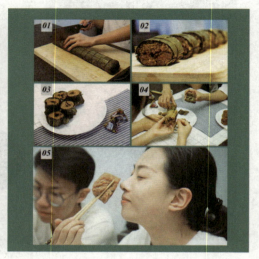

图5-7 食用方法图示

5. 外观展示

东方长粽的外观是申请过专利保护的，这对于大多追求新鲜感的年轻人来说，如果端午节能送给朋友不同的特色产品将体现自己的品位。页面通过产品细节图片的展示体现包装的特色，如图5-8和图5-9所示。

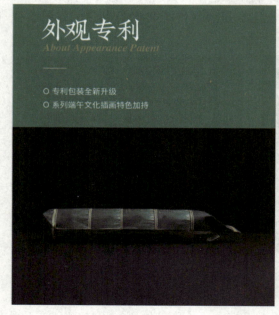

图5-8 外观说明

图5-9 外观展示

6. 搭配商品展示

东方长粽礼盒中不仅有粽子，还有端午茶。端午茶是一款地方特色茶饮，由藿香、野菊、桑叶、菖蒲、山苍柴、鱼腥草等植物配制而成，既可当作日常饮料，也可防病治病。详情页中对茶饮进行详细介绍，并加入了净含量及保质期，让消费者了解端午茶的功效及相关内容，同时搭配图片，更加直观地展示了产品细节，如图5-10和图5-11所示。

图 5-10　搭配商品说明

图 5-11　搭配商品图示

7. 包装定制

现如今消费者送礼及企业送员工福利，送的不仅是一份礼品，更是一份心意。如果能将企业Logo加在产品包装上，会让企业员工对企业价值观及认同感进一步提升。定制也能让消费者更有个性化的选择，如图5-12所示。

图 5-12　包装定制说明

8. 使用场景

用图片说明长粽的使用场景，其不仅有打开后的场景，还有加上礼袋的场景，让消费者了解具体场景能让其对产品有更深入的了解，进一步提升消费者的购买欲望，并对产品产生信任感，如图5-13和图5-14所示。

图5-13　使用场景（一）

图5-14　使用场景（二）

任务二　制作遂昌长粽主图

● 任务描述

主图是产品给消费者的第一印象，主图的好坏决定了产品的点击率。在主图设计时，首先要分析产品的特点与主要消费人群的需求。本任务以东方长粽礼盒为例，分别设计制作白底主图和复杂背景主图。

● 任务目标

根据长粽的产品特点，设计并制作白底主图和复杂背景主图。

● 任务讨论

1. 网店中常见的主图包括哪些？
2. 设计主图时应考虑哪些因素？
3. 主图制作时需要用到哪些工具？

● 任务实施

主图就是产品给消费者的第一印象，主图的好坏决定了产品的点击率。在主图设计时针对东方长粽礼盒产品的特点与主要消费人群的需求，分别设计白底主图和复杂背景主图。如图 5-15 和图 5-16 所示，主图的整体色调选用绿色，与产品本身的艾叶的颜色相呼应，同时，绿色体现了产品绿色健康的特点。

图 5-15　白底主图

图 5-16　复杂背景主图

一、制作白底主图

（1）新建文件。启动 Photoshop 软件，执行菜单栏中"文件"→"新建"命令，创建一个宽度为 800 像素、高度为 800 像素、分辨率为 72 像素 / 英寸、颜色模式为 RGB 颜色的空白文档。

（2）设置前景色为 #387e64，按 Ctrl+delete 组合键填充前景色。

（3）使用"矩形选框"工具绘制正方形，新建"图层 1"，填充白色。选中"图层 1"和背景图层，使用"移动"工具单击选项栏中的"垂直居中对齐"和"水平居中对齐"。选项栏如图 5-17 所示。

图 5-17　选项栏

（4）使用"椭圆"工具在画布左下角绘制圆形，填充色为 #038 741。

（5）使用"椭圆"工具再绘制一个圆形，填充色为 #f6d4b1，描边为 4 像素白色实线，调整大小位置，叠放在绿色的圆形上方。矩形工具选项栏如图 5-18 所示。

图 5-18　矩形工具选项栏

（6）使用"矩形"工具绘制长方形，填充色为 #387e64，将图层位置放在两个椭圆中间。添加图层样式，描边为 3 像素，颜色为 #f9f643。

(7)使用"文字"工具输入文字"10元预订享半价",字体为微软雅黑,颜色为白色,加粗。添加图层样式为渐变叠加和投影,具体参数如图5-19和图5-20所示。

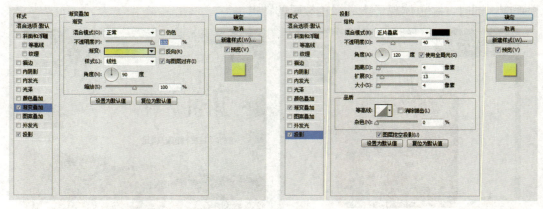

图 5-19　渐变叠加参数　　　　　　　图 5-20　投影参数

(8)使用"文字"工具分别输入文字"特惠价"和"¥198",字体为微软雅黑,颜色为#387e64,调整文字大小位置。效果如图5-21所示。

图 5-21　促销文字添加效果

(9)使用"圆角矩形"工具绘制圆角矩形,填充色为#ebcf95,描边色为白色,工具选项栏参数如图5-22所示。对圆角矩形进行自由变换,单击鼠标右键选择"斜切",对圆角矩形进行调整。

图 5-22　圆角矩形选项栏

(10)使用"文字"工具输入文字"前100单半价特惠",字体为微软雅黑,颜色

为 #387e64，加粗，倾斜。

（11）使用"圆角矩形"工具绘制圆角矩形，填充色为 #387e64，半径为 10 px。对圆角矩形进行自由变换，单击鼠标右键选择透视，对圆角矩形进行调整。

（12）使用"文字"工具输入文字"遂昌长粽"，字体为微软雅黑，颜色为白色，加粗，倾斜，添加投影，效果如图 5-23 所示。

（13）打开素材"产品 .jpg"，使用"魔棒"工具抠取产品，拖入文件，调整大小，将图层放置在白色矩形所在图层上方，创建剪贴蒙版。

（14）使用"自定形状"工具，选择气泡图形，设置填充色为 #387e64，描边 1 px 白色，绘制图形。

（15）使用"文字"工具输入文字"热销产品"，字体为微软雅黑，颜色为白色，加粗，添加投影，效果如图 5-24 所示。

（16）保存。执行"文件"→"另存为"命令，分别存储为 PSD 和 JPEG 格式。

图 5-23　Logo 添加效果

图 5-24　白底主图效果图

二、制作复杂背景主图

（1）新建文件。启动 Photoshop 软件，执行菜单栏中"文件"→"新建"命令，创建一个宽度为 800 像素、高度为 800 像素、分辨率为 72 像素 / 英寸、颜色模式为 RGB 颜色的空白文档。

（2）分别打开素材"背景 .jpg""地板 .png""粽叶 .png"，并拖入新建文件中，调整大小位置和图层顺序，效果如图 5-25 所示。

图 5-25　背景效果

（3）打开素材"长粽.jpg"，使用"魔棒"工具，调整容差，勾选"连续"，选取背景。按 Ctrl+I 组合键执行反选，单击"魔棒"选项栏中的"调整边缘"按钮，在对话框中调整参数，参数如图 5-26 所示。

图 5-26　调整边缘参数

（4）将选择好的产品图片拖入文件中，调整图层位置及图像大小、位置。

（5）打开素材"竹叶.png"，拖入文件中，调整大小，调整位置，放置在文件右侧。复制一层，按 Ctrl+T 组合键，水平翻转，放置在文件左侧。效果如图 5-27 所示。

（6）打开素材"文字.png"，移至文件的适当位置。双击图层添加图层样式为颜色叠加，叠加颜色为 #367938。

（7）输入文字"安全/卫生/健康/料足"，字体为微软雅黑，颜色为黑色，调整大小位置。效果如图 5-28 所示。

图 5-27　竹叶效果

图 5-28　文字效果

（8）新建图层，使用"椭圆选框"工具绘制圆，填充红色。双击图层新建图层样式，添加描边和投影，参数如图 5-29 和图 5-30 所示。

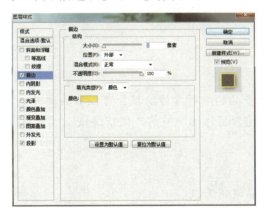

图 5-29　描边参数　　　　　　　　　图 5-30　投影参数

（9）使用"圆角矩形"工具在圆上方绘制圆角矩形，填充黄色，描边 3 像素实线红色，半径为 50 像素。参数如图 5-31 所示。

图 5-31　圆角矩形参数

（10）使用"文字"工具在圆角矩形中输入文字，字体为微软雅黑，颜色为 #510811，斜体。使用"文字"工具输入价格，字体为 Arial，颜色为白色，加粗。效果如图 5-32 所示。

（11）保存。执行"文件"→"另存为"命令，分别存储为 PSD 和 JPEG 格式。

图 5-32 复杂背景主图效果

任务三　制作遂昌长粽海报

● 任务描述

产品推广海报是店家向顾客展现自己优质产品的一种宣传海报,可以有效提升店面访问量和产品销售量。本任务为产品东方长粽礼盒制作端午节前的促销海报。

● 任务目标

根据海报投放的节日特色,设计并制作产品促销海报。

● 任务讨论

1. 依据节日特色,可以在海报中添加哪些元素？
2. 设计促销海报时应考虑哪些因素？
3. 促销海报制作时需要用到哪些工具？

● 任务实施

本任务为产品东方长粽礼盒制作端午节前的促销海报。背景采用黑色,增加产品的质感；文案中主标题"浓情端午　感恩献礼"采用书法字体,符合产品气质；淡黄色的渐变色与粽子的颜色相呼应，给黑色的背景增加温度；红色的圆形突出促销文案"第二件半价"，并加入云纹、粽叶等点缀，给海报增加传统元素，突出产品特点。

操作步骤如下：

（1）新建大小为 1 920 像素 ×900 像素，分辨率为 72 像素/英寸，名称为"遂昌长粽"的白色海报。

（2）填充背景色为 #04060d。

（3）打开"底纹.png"素材图，选择"移动"工具拖入文档中合适位置。

（4）选择"横排文字"工具，选择一个书法字体，颜色设置为 #fbeacb，输入文字"浓"，调整大小位置。复制 7 个"浓"字图层，分别将文字更改为"情""端""午""感""恩""献""礼"，调整各文字图层的大小和位置，使文案排序错落有致，效果如图 5-33 所示。

图 5-33　主标题效果

（5）打开素材"云纹.png"，选择"移动"工具拖入文档中合适位置，添加图层样式为颜色叠加，叠加颜色为 #faebdb。复制两个图层并调整大小及位置。

（6）新建组，命名为"文案"，将文字图层和云纹图层都拖入组中，为组添加图层样式为渐变叠加，渐变色为 #fcf2dd——#fbbb4b，参数如图 5-34 所示。效果如图 5-35 所示。

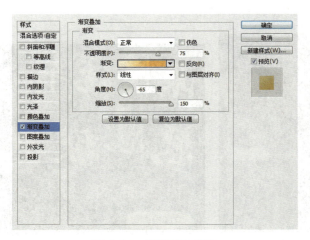

图 5-34　渐变叠加参数

图 5-35　云纹效果

（7）使用"椭圆"工具绘制椭圆，填充色为 #8e0516。选项栏参数如图 5-36 所示。

图 5-36　椭圆工具参数

（8）复制 3 个圆，使用"移动"工具的分布功能将 5 个圆水平居中分布，选项栏如图 5-37 所示。

图 5-37　水平居中分布

（9）使用"文字"工具输入文字"第 2 件半价"，字体为微软雅黑，颜色为 #fbecd1，调整大小及位置，将文字放在 5 个圆上方。可以使用字符面板中的"字距调整"按钮，调整文字的距离，使每个文字刚好在圆的上方。字符面板参数如图 5-38 所示。

（10）使用"圆角矩形"工具绘制圆角矩形，填充颜色为 #fcda9b，描边颜色为 #8e0516，调整大小及位置。

（11）使用"文字"工具输入"立即抢购"，字体为微软雅黑，颜色为 #8e0516，调整大小及位置。文案效果如图 5-39 所示。

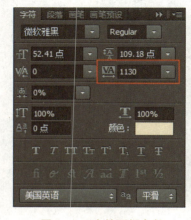

图 5-38　字符面板参数

图 5-39　副标题效果

（12）打开产品图片"东方长粽.jpg"，使用"移动"工具拖入文档中，调整大小及位置。为图片添加图层蒙版，选择"渐变"工具，使用黑色到白色的线性渐变，在画布中从左到右拖动，使产品图片左侧与背景自然融合。效果如图 5-40 所示。

图 5-40　图层蒙版效果

（13）添加曲线调整图层，调整曲线使亮度变暗，并为调整图层创建剪贴蒙版，如图 5-41 所示。

图 5-41　曲线调整图层

（14）打开素材"粽子.png"和"红枣.png"，使用"移动"工具拖入文档中，并调整大小及位置。效果如图 5-42 所示

图 5-42　海报效果图

（15）保存。执行"文件"→"另存为"命令，分别存储为 PSD 和 JPEG 格式。

任务四　制作遂昌长粽详情页

● **任务描述**

产品详情页是商家提高转化率的关键，详情页制作的好坏直接决定了产品的销量。本任务为东方长粽礼盒设计并制作详情页，说服消费者加购下单，提高产品转化率。

● **任务目标**

为东方长粽礼盒制作详情页，按照产品特点和消费者的需求设计详情页，包括产品整体展示、产品信息、制作工艺、食用方法、产品包装5个模块。

● **任务讨论**

1. 分析产品特点和消费者的需求，确定详情页风格。
2. 一般详情页包含哪些模块？
3. 详情页制作时需要用到哪些工具？

● **任务实施**

一、产品整体展示

整个详情页以绿色为背景，与产品色调相呼应。文字中主标题采用白色的仿古字体，突出产品为传统食品这一特质。选择四张产品在不同使用场景的图片，让消费者对产品有初步的认知。

操作步骤如下：

（1）启动Photoshop软件，执行菜单栏中"文件"→"新建"命令，新建一个宽度为750像素、高度为1 500像素、分辨率为72像素/英寸的空白文档。

（2）填充背景颜色为#348370。

（3）使用"文字"工具输入文字"HANDMADE"，字体为Alibaba Sans，颜色为白色，加粗。使用变形文字中的扇形样式制作弯曲效果，如图5-43所示。

图 5-43　变形文字参数

（4）选择"圆角矩形"工具，填充无，描边为 2 像素白色实边，半径为 30 px，绘制圆角矩形。复制一个圆角矩形，自由变换缩小。同时选择两个圆角矩形，使用"移动"工具进行水平居中和垂直居中。

（5）使用"直线"工具绘制 2 像素白色直线，调整大小及位置，放置在圆角矩形中。复制直线，向右移动，并选中两条直线，合并图层。将合并后的图层复制三次，均匀分布于圆角矩形上方，使用"橡皮擦"工具将多余的部分擦除。效果如图 5-44 所示。

图 5-44　圆角矩形效果

（6）使用"文字"工具输入文字"東方長粽"，字体为华光淡古印，颜色为白色，调整字间距让文字处于圆角矩形的格子中。

（7）使用"文字"工具输入文字"遂·昌""中·国"，字体为华光淡古印，颜色为白色，调整文字大小及行距，分别放置在圆角矩形两侧。效果如图 5-45 所示。

图 5-45　文字效果

（8）分别使用"文字"工具输入文字"THE""DRAGON BOAT FESTIVAL"（字体为 Arial Rounded MT bold）、"民間傳統食品"（字体为华光敦韵宋）、"MADE IN CHINA"（字体为 Stencil）、"東方長粽 mini+ 端午茶版"（字体为华光粗圆 _CNKI，颜色为 #eac6a2）。调整文字的大小及位置，效果如图 5-46 所示。

图 5-46　文案排版效果

（9）打开素材图片，进行适当的裁剪后拖入文档中排列，通过自由变换使四张图片大小一致，排列整齐。效果如图 5-47 所示。

图 5-47　产品整体展示效果

（10）保存。执行"文件"→"另存为"命令，分别存储为 PSD 和 JPEG 格式。

二、产品信息

东方长粽的产品信息应该包含产品名称、产地、外包装规格、粽子的尺寸、净重、口味、保质期等内容，本案例采用垂直单列排版，以便于消费者快速了解产品的基本参数，效果如图 5-48 所示。

操作步骤如下：

（1）新建宽度为 750 像素、高度为 1 500 像素、分辨率为 72 像素/英寸的空白文档。

（2）填充背景颜色为 #348370。

（3）使用"文字"工具输入相应文字，选择合适的字体、颜色，调整大小及位置。

（4）使用"圆角矩形"工具和"直线"工具绘制长粽的简笔图。

（5）插入素材，输入文字，对长粽的四种口味进行直观展示。

（6）使用"裁剪"工具裁剪多余画布。如画布高度不够，可使用"画布大小"命令拓展画布。

（7）保存。执行"文件"→"另存为"命令，分别存储为 PSD 和 JPEG 格式。

图 5-48　产品信息效果

三、制作工艺

遂昌长粽的制作工艺复杂，包长粽比包普通粽子难度要高很多，只有经验丰富的老手艺人才能制作出完美的长粽。制作工艺模块直观地向消费者展示了长粽的制作步骤，向消费者传达了对传统的坚持、对产品的精益求精。效果如图5-49所示。

操作步骤如下：

（1）新建宽度为750像素、高度为1 500像素、分辨率为72像素/英寸的空白文档。

（2）填充背景颜色为#348370。

（3）使用"文字"工具输入相应文字，选择合适的字体、颜色，调整大小及位置。

（4）插入制作工艺素材，调整大小，并按顺序排列。

（5）绘制白色矩形，输入序号文字。

（6）使用"裁剪"工具裁剪多余画布。如画布高度不够，可使用"画布大小"命令拓展画布。

（7）保存。执行"文件"→"另存为"命令，分别存储为PSD和JPEG格式。

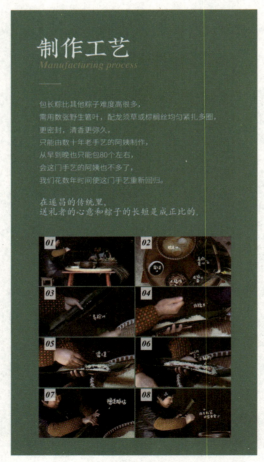

图5-49　制作工艺效果

四、食用方法

遂昌长粽不同于普通粽子，由于其粽身较长，人们总是将它切断与家人一起分享，又名"分享粽"。特殊的食用方法赋予遂昌长粽特别的内涵，使产品充满温情。食用方法效果如图5-50所示。

操作步骤如下：

（1）新建宽度为750像素、高度为1 500像素、分辨率为72像素/英寸的空白文档。

（2）填充背景颜色为#348370。

（3）使用"文字"工具输入相应文字，选择合适的字体、颜色，调整大小及位置。

（4）插入食用步骤素材，调整大小，并按顺序排列。

（5）绘制白色矩形，输入序号文字。

（6）使用"裁剪"工具裁剪多余画布。如果画布高度不够，可使用"画布大小"命令拓展画布。

（7）保存。执行"文件"→"另存为"命令，分别存储为PSD和JPEG格式。

图 5-50　食用方法效果

五、产品包装

（一）外观专利

遂昌长粽内包装全新升级，采用纸质包装，加入端午文化特色插画。操作步骤同前，此处不再赘述，效果如图5-51所示。

（二）松阳端午茶

本次推出的端午节礼盒除有四根不同口味的长粽外，还配套了松阳端午茶，因此需对端午茶进行简单的介绍，操作步骤同前，此处不再赘述，效果如图5-52所示。

（三）包装与定制

展示产品的外包装，介绍包装定制服务。操作步骤同前，此处不再赘述，效果如图5-53所示。

图 5-51 外观专利效果　　图 5-52 搭配销售效果　　图 5-53 包装定制效果

（四）详情页拼合效果展示

合成详情页是指将之前制作的各个区域合成到一起，这样是为了在上传产品的详情内容时更加方便，在"图片空间"中也更容易查找，合成详情页的步骤如下：

（1）启动 Photoshop 软件，执行菜单栏中"文件"→"新建"命令，新建一个宽度为 750 像素、高度为 10 900 像素、分辨率为 72 像素/英寸的空白文档。

（2）打开之前制作的各个区域的文档，将文档存储为 JPG 格式。

（3）将所有的 JPG 文件拖入新的空白文档中，并摆好位置后保存文档，效果如图 5-54 和图 5-55 所示。

图 5-54　详情页拼合效果（一）

图 5-55　详情页拼合效果（二）

● **项目评价**

根据考核内容，学生完成自我小结并进行自评打分，教师根据学生活动情况进行点评并完成教师打分，最后按自我评分 ×40%+ 教师评分 ×60% 计算得分，见表 5-2。

表 5-2 考核评价表

类别	考核内容	配分	自我评价		教师评价		得分
			是否完成	评分	是否完成	评分	
任务完成情况	能够撰写遂昌长粽的文案	25					
	会设计并制作遂昌长粽的主图	25					
	会设计并制作遂昌长粽的促销海报	25					
	会设计并制作遂昌长粽的详情页	25					
	合计						
职业素养评价	具备敢于设计、敢于创新的电商营销素养	35					
	具备热爱家乡、振兴乡村的服务意识	35					
	具备团队合作的能力和精益求精的工匠精神	30					
	合计						

项目六　特产营销之缙云烧饼

项目介绍

缙云烧饼也称桶饼，是浙江省丽水市缙云县的一种传统小吃，属于浙菜系；据说该小吃有650余年的历史。传说，轩辕帝曾在缙云山鼎湖峰架炉炼丹，非常专注，饿了就抓一块面团贴在丹炉壁上烤着吃。轩辕帝驭龙升天后，当地百姓就用陶土模仿轩辕帝的丹炉制造陶炉，烤面团食用。后来，这种在陶制炉膛内贴上饼坯，把饼用炭火烧烤成熟的制作技艺是缙云金华等地的特有传统技艺。

缙云烧饼广为流传，最为正宗非缙云本地不可。2014年年初，缙云县政府把缙云烧饼产业作为弘扬传统文化和促进农民增收致富的重要举措来抓，通过打造缙云烧饼品牌，运用现代产业经营模式来培育发展缙云烧饼产业，做好旅游与缙云烧饼产业的协调发展，结合缙云传统特色小吃文化和仙都黄帝文化的弘扬与宣传，把传统的缙云烧饼产业打造成缙云县对外形象的"新名片"、富民增收的"新产业"。

本项目以缙云烧饼为主线，设计了撰写缙云烧饼文案、制作缙云烧饼主图、制作缙云烧饼海报和制作缙云烧饼详情页四个任务，层层递进。

学习目标

【知识目标】

1. 了解缙云烧饼的传说和制作工艺。
2. 理解缙云烧饼的特点。
3. 掌握缙云烧饼的卖点。
4. 理解缙云烧饼的主图内容。
5. 理解缙云烧饼的促销海报内容。
6. 了解缙云烧饼的详情页内容。

【能力目标】

1. 能够撰写缙云烧饼的文案。
2. 会设计并制作缙云烧饼的主图。
3. 会设计并制作缙云烧饼的促销海报。
4. 会设计并制作缙云烧饼的详情页。

【素质目标】

1. 培养学生敢于设计、敢于创新的电商营销素养。
2. 培养学生热爱家乡、振兴乡村的服务意识。
3. 培养学生团队合作的能力和精益求精的工匠精神。

案例导入

丽水：缙云烧饼一年"烤"出 27 亿元产值

"2021 年，缙云烧饼产值达到 27 亿元，同比增长 12.5%，从业人员达到 2.3 万人，比 2020 年的 24 亿元整整增收了 3 亿元。"截至目前，丽水市缙云县烧饼办发布的数据显示，尽管受疫情等多方面不利因素影响，但 2021 年缙云烧饼产业依然续写着"致富传奇"。

从"路边摊"走向"品牌店"，从"小县城"迈进"大都市"，从"谋生技"转为"致富经"，缙云烧饼产业一路走来，已成为浙江省特色餐饮龙头产业和助农增收典范。

近年来，缙云烧饼正经历着"极速扩张"，示范店开到了全国 20 多个省（市、自治区），开到了全国 50 多所高校食堂，开到了浙江省政府等 20 多家政府机关食堂，开到了全国 50 多个高速公路服务区，开到了世界 16 个国家和地区。2021 年，缙云烧饼许可授权 90 家，累计签订授权许可合同 1 009 份，开张营业示范店 661 家，全国开张门店（点）8 000 多家。

从"小烧饼"到"大产业"，缙云烧饼产业化发展的背后，是一代代缙云人追求美好生活的奋斗步伐。"我们的烧饼摊能够开进大商场、走向全世界，靠的就是不断创新、不断研究。"潜心烧饼技艺 35 年的缙云烧饼"总教头"赵一钧，目睹和参与了行业巨变。"想都不敢想，小买卖能做出 27 亿元产值。"回顾这 35 年的创业路，赵一钧历经街边摆摊的艰辛，开办首家示范店的忐忑，带领缙云全县师傅创业的荣光；如今不仅自己年收入过百万元，更带领着上万名"学徒"走上了致富路。在他看来，一切转变，都来自缙云县委县政府的"幕后推动"。

2014 年，缙云县锚定打造特色富民产业的目标，先后成立"烧饼办"，组建"烧饼协会"，开办"烧饼班"，举办"烧饼节"……用政府的幕后之手推动行业的台前之变，铺就了缙云烧饼产业化、标准化、品牌化的快速发展之路。

产业发展，人是关键，技术是核心。烧饼虽小，也是如此。多年来，缙云累计培训烧饼师傅 10 980 人次，成功培育中级缙云烧饼师傅 250 人、高级缙云烧饼师傅 280 人、缙云烧饼大师 10 人，带动从业人员 4 万多人，人均收入增加 4 万多元，实现了培训内容、注册商标、制作工艺、经营标准、门店标准、原料标准的"六统一"，搭建起"政府铺路、行业引路、百姓走路"的"三位协同"的致富模式。

缙云烧饼的产业化还带动了缙云菜干、土猪、土麦等特色产业的发展，为全县农民增收提供了有效的新渠道。2021 年，缙云全县"908 小麦"种植面积达到 3 000 多亩，市场价格达到 7~8 元 /kg，是普通小麦最低保护价的 3 倍以上。缙云县东方镇是"缙云菜干"专业镇，2015—2021年，"缙云菜干"半成品收购价从8元/kg到20元/kg，其中，2021年该镇菜干种植面积超过10 000亩，全县产值达6 400多万元，成为农民增收致富的主导产业。

"小烧饼"甚至衍生出一条完整的产业链。缙云不断加强对烧饼桶、炉芯等行业的扶持，经认定后将相关合作社加入缙云烧饼协会，列为定点供货单位，帮助农民持续稳定增收。缙云县东山村东山窑出产的陶炉膛，属"缙云烧饼"的"私人定制饼桶店"，现在每年能销售烧饼桶5 000个以上、炉芯2万多个，实现产值700多万元。2014年至今，缙云县累计卖出烧饼炉芯6万多套、木制烧饼桶2.6万多只，实现产值3 300多万元。

如今，缙云烧饼声名在外，已然成为缙云县的一张"金名片"。"小烧饼"不仅激活了一个富民增收的"大产业"，更激发起缙云人民创业创新的实干热潮，在全国形成了独特的"缙云烧饼现象"[①]。

任务一　撰写缙云烧饼文案

● 任务描述

通过对缙云烧饼的进一步研究，了解缙云烧饼的历史文化背景、产地和制作工艺，理解缙云烧饼的特点，提炼出缙云烧饼最能打动消费者的核心卖点，撰写出吸引消费者的电商文案。

● 任务目标

1. 利用网络进一步了解缙云烧饼的相关知识。
2. 进一步掌握产品卖点的挖掘方法。
3. 提炼缙云烧饼的核心卖点，并撰写相应文案。

● 相关知识

一、探寻缙云烧饼诞生

炉火前，满面皱纹的老师傅摘面、擀面、包馅，娴熟地一收一捏，压成饼坯，然后在正面涂一层糖油。随着"哧"的一声，粘上凉水的一面饼坯被牢牢地贴在了烧饼炉里，没过一会儿，金灿灿的烧饼就裹着热气出炉了。面饼酥香、生糯，边皮儿微微翘起，一

[①] https://baijiahao.baidu.com/s?id=1726329970475202053&wfr=spider&for=pc，节选自金台资讯－人民网精选资讯官方网站。

口咬下，一股香味扑鼻而来，肉粒和梅干菜的浓香在口中四溢。

吃过缙云烧饼的人都知道，缙云烧饼用的是特有的"烧饼桶"，但是也许不知道，缙云烧饼的制作技艺，相传还是受轩辕帝炼丹的启发。传说，轩辕帝当年在缙云仙都鼎湖峰架炉炼丹，非常专注，饿了就以山泉和面，揉成团贴在丹炉壁上烤着吃。轩辕帝驭龙升天后，当地百姓就用陶土模仿轩辕帝的丹炉制造陶炉，烧烤面团食用，以期也能升仙。久而久之，村民发现炼丹并不能长生不老便慢慢弃之，但是吃烤饼却一直流传下来。

作为传统美食，缙云烧饼获奖无数。1989年，被省商业厅评为省优质点心；2008年，"缙云烧饼制作工艺"被丽水市人民政府列为丽水市非物质文化遗产名录。

二、挖掘产品价值

（一）缙云烧饼发展现状

2020年，缙云烧饼入选全省精准扶贫十大案例。真正做到了一个缙云烧饼"烤"出一条致富路。

缙云县大力发展以缙云烧饼为龙头的乡愁产业，走出一条可复制可推广的产业富民之路，如图6-1所示，全县低收入农户人均可支配收入连续7年增幅超过15%，全县农村常住居民人均可支配收入连续11年高位增长。

图6-1 缙云烧饼实体店铺

1. 小烧饼打造大产业

2014年，缙云县成立烧饼办，相继出台农民增收、草根创业、乡愁富民等一揽子政策，全国开设示范店890家、经营摊点7 000多家，产品远销全球16个国家，年产值从4亿元攀升至22亿元，并带动菜干、烧饼桶、原辅料等基地化建设，实现"一业兴百业"（图6-2）。

图 6-2　缙云烧饼

2. 小烧饼带动大增收

缙云县建立免费培训基地 2 个，累计培训烧饼师傅 1 万多人（其中低收入农户约 2 000 人），带动从业人员 4 万多人，人均收入增加 4 万多元，品牌建设项目获评"浙江省民生获得感示范工程"。依托烧饼师傅培训，缙云县助力南江县顺利退出国家级贫困县序列。

3. 小烧饼铸就大品牌

缙云县制定实施产业发展规划和产品制作规程，连续举办六届缙云烧饼节，向低收入农户提供免费摊位展销增收。缙云烧饼获注国家地理标志证明商标和欧盟商标，品牌价值达 80 亿元，缙云县被列入全省首家"小吃文化地标城市"名录。

（二）缙云烧饼的制作工艺和特点

缙云烧饼选用当地的面粉做饼坯，本地缙云菜干和夹心肉为馅料，用白炭高温烤熟，表皮松脆，色泽金黄，肉质软糯，咸淡适宜。制作流程主要有饼桶制作、馅料制作、烧饼制作。烧饼制作主要有发面揉面、馅料加工、饼坯制作、烧烤饼坯等工序。

刚刚出炉的烧饼，冒着热气，似披着淡淡的霞雾；棕黄色的表面油光发亮，星罗棋布的芝麻散发着淡淡清香，经高温烧烤的饼体，融麦香、肉香、葱香、菜干香、芝麻香、糖油香于一体，扑鼻而来。饼未入口，先觉秀色、香气可餐。品上一口，表皮松脆，内质软糯，咸淡适中，油而不腻，鲜香满口，回味无穷，为色、香、味俱佳的风味小吃。

（三）缙云烧饼产品价值

针对缙云烧饼思考其产品价值，一般可以从解决用户实际问题、使用场景、带给消费者的品牌价值、产品属性价值几个角度进行分析。

1. 解决实际问题

（1）可食用性。作为一款食物，可食用性是其根本价值。缙云烧饼用料精，通常选用缙云农家土麦面、新鲜土猪肉、九头芥菜干。制成后，饼色金黄、表脆内糯、油而不腻、鲜香满口，深受当地居民的喜爱。

（2）情怀与乡愁。饼黄酥脆，齿颊留香，再搭配一碗飘着葱花的小馄饨，这应该是漂泊在外的缙云人由胃直心的温暖。家乡美食最可慰藉人心，缙云烧饼很好地解决和满足了这一份游子的乡愁与情怀。

2. 使用场景

传统缙云烧饼采用的是现做现吃的摊点经营模式，所以遍布于各大街头巷尾，人们随时可以让做饼师傅制作，捏住饼边的小纸片，咬一口外酥里糯，梅干菜的香味和猪肉的鲜味溢满口腔。

3. 品牌价值

作为地标性产品、地方特色小吃，目前，缙云烧饼除本身地标品牌外，并没有形成较为成熟的商业品牌。

作为品质、口碑巨佳的产品，目前市场均为本地居民或处于外地的缙云（丽水）人为主，其传播也仅靠口口相传，传播力度、范围均受限。如若形成较为成熟的商业品牌，按照市场化方式开展品牌宣传与推广，可获得较好的效果。

4. 产品属性价值

缙云烧饼以面粉、鲜猪肉和梅干菜为主要原料制作而成，经烧饼桶炭火烘烤而成。优质的原料使其富含丰富的营养，见表6-1。

表6-1 缙云烧饼营养成分

面粉	富含蛋白质、碳水化合物、维生素和钙、铁、磷、钾、镁等矿物质，有养心益肾、健脾厚肠、除热止渴的功效
猪肉	富含铜，对于血液、中枢神经和免疫系统，以及肾等内脏的发育和功能有重要影响。富含脂肪，维持体温和保护内脏，提供人体必需脂肪酸，促进脂溶性维生素的吸收，增加饱腹感。含有丰富的优质蛋白质。提供血红素（有机铁）和促进铁吸收的半胱氨酸，能改善缺铁性贫血

三、缙云烧饼文案设计

为了让消费者更好地了解缙云烧饼的各项属性，激发消费者的购买欲望，设计缙云烧饼的文案时，要抓住消费者的需求和痛点描写。

（一）首焦图文案

在首焦图的设计中，要体现产品的最大亮点，迅速抓住消费者的购买需求，一张优秀的首焦图能最大程度提升产品的转化率。在设计缙云烧饼的首焦图文案时，首先传递六大亮点："表皮松脆、内质软糯、咸淡适中、油而不腻、鲜香满口、回味无穷"，再加上国家级非物质文化遗产（缙云烧饼技艺）和悠久的文化历史，并结合烧饼的图片，达到抓人眼球的目的。

（二）产品信息·缙云烧饼

在缙云烧饼的产品参数展示中，需要介绍品牌、生产许可证（食品类）、产地、储存方式、净含量、保质期等内容，如图6-3所示，根据实际情况罗列出以下参数信息：

生产许可编号：××××××××
厂名：×××××××
厂址：×××××××
厂家联系方式：××××××
品牌：×××××·缙云烧饼
配料表：小麦粉、夹心肉、黑芝麻、白砂糖、梅干菜、白酒、食用盐、植物油、水等。
产地：丽水松阳
储存方式：冷藏
净含量：700 g
保质期：7天

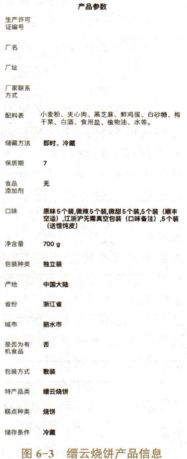

图6-3 缙云烧饼产品信息

（三）产地介绍·浙江缙云

烧饼这种在陶制炉膛内贴上饼坯，以炭火烧烤成熟饼的制作技艺，是缙云、金华等地特有的传统技艺。缙云烧饼广为流传，最为正宗非缙云本地不可。文案设计如下。

标题——不是所有烧饼都叫缙云烧饼

文案（典故1）：据说，古时轩辕帝在缙云仙都的石笋上用大铁鼎炼制仙丹，当地村民为求长生不老，纷纷效仿，动手制作土鼎，上山采药炼制仙丹。

有一日，一村妇在家中烙饼，见其儿子刚炼制好丹药，发现土鼎内还有炭火且内壁光滑，就顺手将饼贴于鼎壁，烤之。慢慢的家中充满了烤熟饼的香味，而且溢出房子，引来了其他好奇村民，大家吃过后发现烤出的饼比锅中烙出的饼酥香、糯软。久而久之，村民们发现食土鼎炼制的丹药，并不能长生不老、消灾避邪，就纷纷将其加以改进做成烧桶，专用于烤饼之用，而有的村民则挑着特制的烧桶客走他乡，以烤饼为生[①]。

文案（典故2）：相传，明太祖朱元璋征战到缙云时，吃过缙云烧饼后念念不忘，当了皇帝后特意把做缙云烧饼的师傅册封为御厨，为他专门做烧饼。有一天，朱元璋吃烧饼时才咬下一口，就碰到刘伯温求见。于是朱元璋将盘中烧饼盖了起来，故意试探刘伯温："先生可知碗下何物？"刘伯温答曰："半似日兮半似月，曾被金龙咬一缺。依臣算来，乃烧饼是也。"朱元璋赞叹不已，后又问国运，遂成著名隐喻语言诗歌——《烧饼歌》[②]。

（四）烧饼品质·品韵醇香

味美才是好饼，在接下来的文案中开始介绍缙云烧饼的相应特点，为了消费者更好地感受到其与众不同，可以进行卖点提炼和排序介绍。文案设计如下：

---

① 参考资料："坚硬"的缙云桶饼.金华晚报.许晓燕，2010-06-25.
② 讲好烧饼故事 做好富民文章.中国新闻网.

嗅一嗅——融麦香、肉香、葱香、菜干香、芝麻香、糖油香……

尝一尝——表皮松脆、肉质软糯、咸淡适中、油而不腻、鲜香满口、回味无穷……

（五）工艺介绍·非物质文化遗产

标题——舌尖上的非遗：缙云烧饼

文案内容1：缙云烧饼也称轩辕饼，是流行于浙江省丽水市缙云县的特色小吃和具有浙江南部民间独特风味的传统面食，因采用特殊工具"饼桶"烤制而成，又称"桶饼"。在广大食客中享有盛誉，其制作技艺是国家级非物质文化遗产，如图6-4所示。

文案内容2：2021年6月10日，中华人民共和国中央人民政府网站发布了《国务院关于公布第五批国家级非物质文化遗产代表性项目名录的通知》，国务院公布第五批国家级非物质文化遗产代表性项目名录（共计185项）和国家级非物质文化遗产代表性项目名录扩展项目名录（共计140项）。丽水市缙云县传统面食制作技艺（缙云烧饼制作技艺）上榜，为扩展项目。

传统技艺（共46项）			
序号	项目编号	项目名称	申报地区或单位
932	VIII-149	红茶制作技艺（坦洋工夫茶制作技艺）	福建省宁德市福安市
		红茶制作技艺（宁红茶制作技艺）	江西省九江市修水县
933	VIII-150	乌龙茶制作技艺（漳平水仙茶制作技艺）	福建省龙岩市
935	VIII-152	黑茶制作技艺（长盛川青砖茶制作技艺）	湖北省宜昌市伍家岗区
		黑茶制作技艺（咸阳茯茶制作技艺）	陕西省咸阳市
936	VIII-153	晒盐技艺（运城河东盐技艺）	山西省运城市
943	VIII-160	传统面食制作技艺（太谷饼制作技艺）	山西省晋中市太谷区
		传统面食制作技艺（李连贵熏肉大饼制作技艺）	吉林省四平市
		传统面食制作技艺（邵永丰麻饼制作技艺）	浙江省衢州市柯城区
		传统面食制作技艺（缙云烧饼制作技艺）	浙江省丽水市缙云县
		传统面食制作技艺（老孙家羊肉泡馍制作技艺）	陕西省
		传统面食制作技艺（西安贾三灌汤包子制作技艺）	陕西省
		传统面食制作技艺（兰州牛肉面制作技艺）	甘肃省兰州市
		传统面食制作技艺（中宁蒿子面制作技艺）	宁夏回族自治区中卫市中宁县
		传统面食制作技艺（馕）	新疆维吾尔自治区
		传统面食制作技艺（塔塔尔族传统糕点制作技艺）	新疆维吾尔自治区塔城地区塔城市

图6-4 传统技艺非物质文化名录

（六）产品价值·小饼大用

消费者十分关注产品的价值，烧饼在当地的价值不仅体现在饮食方面，更体现在无形之处。因此在设计文案时，应强调缙云烧饼带给消费者的各种益处。文案设计如下：

通过FABE法则具体分析。其中，F表示产品的特点（Features）、A表示产品的优势作用（Advantages）、B表示产品为消费者带来什么好处（Benefits）、E表示作证、证明（Evidence）。

如图6-5所示为缙云烧饼礼盒包装，用FABE法则来挖掘它的产品价值，见表6-2。

图6-5 缙云烧饼礼盒包装

表 6-2 "缙云烧饼礼盒"产品价值挖掘

F（产品特点）	选材严苛，品质上乘 材料：优选面粉、农家梅干菜、高山土猪肉；皮薄肉多用料超足，瘦多肥少、肉油菜香，馅料精心配比，烤制后皮薄酥、脆鲜香可口 工艺：采用传统手工揉制，饼桶内炭火烤制 3~4 分钟，待饼面金黄香味溢出时便可便捷速食，方便简单 大小适中，7.5 cm 大小兼顾携带和食用的便捷性。密封包装，收到后简单加工即可食用
A（优点）	无添加更健康 半成品简单加工即可恢复美味
B（利益）	简单方便：随时可以品尝到家乡美食 健康美味：少了速食产品的添加剂，食用更健康
E（证明）	丽水山耕品质保障：基地直供、检测准入、全程溯源，给用户提供丽水的生态精品农产品 质检保证：各项检测报告俱全，确保质量稳定

● 任务实施

根据所学知识，完善表 6-3~表 6-5。

表 6-3 缙云烧饼主图文案设计

内容	选择要素	你的设计
主题		
优势		
促销 1		
促销 2		
设计意图		

表 6-4　缙云烧饼海报文案设计

内容	选择要素	你的设计
主题		
作用		
卖点		
促销		
设计意图		

表 6-5　缙云烧饼详情页文案设计

内容	选择要素	你的设计
首焦图		
产品信息		
品质描述		
制茶工艺		
作用		
泡茶方法		
设计意图		

任务二　制作缙云烧饼主图

● 任务描述

在制作产品主图前，首先需要对主图样式、风格进行分析，然后再进行设计。产品主图一般包含主图背景、商品图片、店铺 Logo、促销信息等内容，其基本尺寸一般为 800 像素 ×800 像素，文件大小不超过 3 MB。一般来说，主图按背景可分为白底主图和简单背景主图。本任务以"缙云烧饼"为例,进行白底主图和复杂背景主图的具体设计,如图 6-6 所示。

图 6-6 主图示例

● 任务目标

根据缙云烧饼的产品特点,设计并制作白底主图和简单背景主图。

● 任务讨论

1. 网店中常见的主图包括哪些?
2. 设计主图时应考虑哪些因素?
3. 主图制作时需要用到哪些工具?

● 任务实施

一、制作白底主图

(1)新建文件。启动 Photoshop 软件,执行菜单栏中"文件"→"新建"命令,创建一个宽 800 像素、高 800 像素,分辨率为 72 像素 / 英寸,颜色模式为 RGB 颜色的空白文档。

(2)拖入产品素材。打开"缙云烧饼"素材图,选择"魔棒"工具选取背景,按 Ctrl+Shift+I 组合键反向选择产品选区,选择"移动"工具拖入文档中。使用以上方法同时拖入"Logo"素材图。

(3)绘制阴影。选择"椭圆选框"工具,绘制如图 6-7 所示的阴影区域,填充黑色，执行"滤镜"→"模糊"→"高斯模糊"命令，高斯模糊半径为 8 像素，并设置图层不透明度为 50%。

（4）绘制"NEW"图标。选择"钢笔"工具，绘制路径，按 Ctrl+Enter 组合键将路径转换为选区。填充颜色（R:17G:182B:140）。选择"文字"工具，输入"NEW"文字，字体为黑体，颜色为白色，调整位置大小并居中。

（5）保存。执行"文件"→"另存为"命令，存储为 PSD 格式。

二、制作简单背景主图

（1）新建文件。启动 Photoshop 软件，执行菜单栏中"文件"→"新建"命令，创建一个宽度为 800 像素、高度为 800 像素、分辨率为 72 像素/英寸、颜色模式为 RGB 颜色的空白文档。

（2）绘制背景。填充背景颜色为深黄色（R:169G:103B:65）→浅黄色（R:238G:196B:158）的渐变色。

（3）拖入产品素材。打开"缙云烧饼"素材图，选择"魔棒"工具，选取背景，按 Ctrl+Shift+I 组合键反向选择产品选区，选择"移动"工具，拖入文档中。使用以上方法同时拖入"Logo"素材图。

（4）绘制阴影。选择"缙云烧饼"图层，左键双击图层右边的空白处，打开"图层样式"，如图 6-7 所示进行设置。

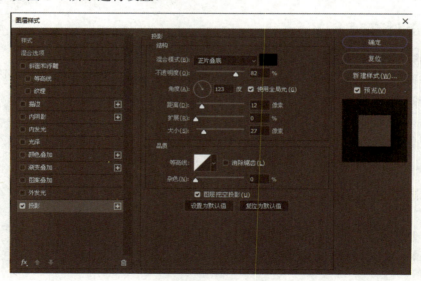

图 6-7　投影设置

（5）保存。执行"文件"→"另存为"命令，存储为 PSD 格式。

任务三　制作缙云烧饼海报

● 任务描述

产品推广海报是店家向消费者展现自己优质产品的一种宣传海报，可以有效提升店面访问量和产品销售量。本任务为产品"缙云烧饼"的促销海报。

● 任务目标

根据投放产品的特色，设计并制作产品促销海报。

● 任务讨论

1. 依据产品特色，可以在海报中添加哪些元素？
2. 设计促销海报时应考虑哪些因素？
3. 促销海报制作时需要用到哪些工具？

● 任务实施

海报以"丽水山耕"产品中的"缙云烧饼"为主，制作相应的纹理，使画面协调性更强；搭配文字，使海报整体内容更直观、生动、具体地表现出来，加深消费者的视觉印象，使消费者有食欲进而产生购买欲望。

制作白底主图步骤如下

（1）新建大小为 1 920 像素×800 像素、分辨率为 72 像素/英寸、名称为"缙云烧饼"的海报，如图 6-8 所示。

图 6-8　新建文件

（2）将仙都的风景素材拖入当前文件中作为背景，高斯模糊半径为4.0，不透明度为80%，如图6-9所示。

图6-9　背景

（3）将素材"木板桌面""砂锅罐""托盘"等素材拖入场景中，放置合适的位置，效果如图6-10所示。

图6-10　添加道具

（4）将"烧饼"素材拖入场景中，放置适当的位置，并给"烧饼"绘制阴影，效果如图6-11所示。

图6-11　添加烧饼

（5）给海报加上适当的文字，并加上 Logo 效果，如图 6-12 所示。

图 6-12　添加 Logo

（6）保存 PSD 格式，并另存为 JPG 格式。

任务四　制作缙云烧饼详情页

● 任务描述

产品详情页是商家提高转化率的关键，详情页制作的好坏决定了产品的销量。本任务为缙云烧饼详情页的设计与制作，说服消费者加购下单，提高产品转化率。

● 任务目标

详情页在进行设计前，要先对整体的设计效果起草一个框架，目的是在设计时不会出现盲目、无从下手的情况。本任务为"缙云烧饼"制作详情页，按照构成原则及实体店的购买流程进行。

● 任务讨论

1. 分析产品特点和消费者的需求，确定详情页风格。
2. 一般详情页包含哪些模块？
3. 详情页制作时需要用到哪些工具？

● **任务实施**

一、产品照片抠图

产品拍摄的照片背景通常为白色，在制作详情页时，首先要对选择的产品照片进行处理，并且进行抠图，以备后序使用，操作步骤同前，此处不再赘述。

二、产品整体展示

在首焦图中，应该列出产品最核心的卖点，例如，烧饼的核心卖点可以是"非物质文化遗产""中华名小吃""650年历史""农家土猪""农家梅干菜"等，这些特点最能吸引消费者继续了解产品，如图6-13所示。其操作步骤如下：

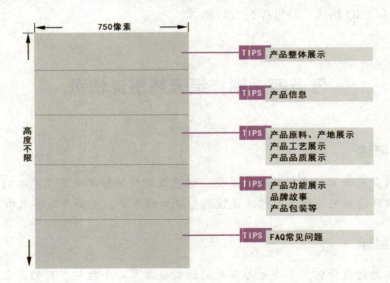

图6-13 详情页结构图

（1）启动Photoshop软件，执行菜单中"文件"→"新建"命令，新建一个宽度为750像素、高度不限、分辨率为72像素/英寸的空白文档。

（2）执行菜单栏中"文件"→"打开"命令，打开备用素材"面粉""砂锅""Logo""烧饼图"。

（3）背景图层颜色填充为（R:238G:221B:201），将素材图像"面粉""砂锅"拖拽到新建的空白文档中，调整位置和大小。

（4）将"缙云烧饼"素材拖入文档中，调整位置和大小，并加上文字及商标。

（5）给图片加入Logo，完成后效果如图6-14所示。

项目六　特产营销之缙云烧饼

图 6-14　首焦图

三、产品故事及产品信息

适当介绍"缙云烧饼"的历史沉淀，有助于消费者了解产品，进而产生兴趣进行购买。

"缙云烧饼"的产品信息应该包含产品名称、配料表、产品标准号、生产许可证、储藏方法、保质期、产地等内容，可以用表格等形式排版，以便于消费者快速了解产品的基本参数，效果如图 6-15 和图 6-16 所示。

图 6-15　产品故事

图 6-16　产品信息

127

四、产品原料、产地展示

好的产地才能出产好的原料,好的原料才能诞生好的产品。在详情页中,可以介绍产品的优质"出生",让消费者对产品更放心、更安心,如"丽水山耕"旗下的"缙云烧饼"是以精心选择的优质面粉及优质土猪肉作为原料,可以在设计时突出说明,操作步骤如下:

(1)新建宽度为 750 像素、高度不限的空白文档。

(2)将产地风景照片拖入文档中,调整位置大小,添加适当的图层样式。

(3)在图中添加文字"秀山丽水 自然生态福地""空气好""水源好""土壤好"等,效果如图 6-17 所示。

图 6-17 产地展示

(4)如果遇到文档高度不够的情况,可以执行菜单栏中"图像"→"画布大小"命令,打开"画布大小"对话框,在"定位"中将中心点移至图 6-18 所示的位置,再去设置文档高度值,即可调整文档的高度。

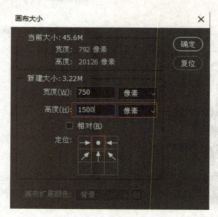

图 6-18 增加画布高度

（5）继续添加"散养土猪""梅干菜制作过程"等图片，以及"高山环境农家养殖"等字样，介绍优质土猪肉的来源，如图 6-19 所示。

图 6-19　原料展示

五、产品工艺展示

"缙云烧饼"是采用炭火烤制，有别于国内其他类烧饼的制作。在制作详情页文案时需要将工艺技术体现出来，甚至在原材料的选择上也要作出说明。其操作步骤如下：

（1）接上一文档继续制作"产品工艺展示"。

（2）在文档中添加"传统工序　精制人间至味"的文字作为小标题，如图 6-20 所示。

图 6-20　产品工艺展示

六、产品功能展示

详情页中应对产品功能作出详细的展示，提升消费者对产品的认识，清楚地传达给消费者购买产品带给他们的实际利益点。在展示产品的功能特点时，可以借助其他产品的特点对比来提升自己品牌的优势。在介绍"缙云烧饼"这款产品时，可以设计展示工作、休闲时的照片，表示其为下午茶时的充饥佳品。其操作步骤如下：

（1）接上一文档继续制作，如果文档高度不够，可以依照前面所述的方法，将文档高度加长。

（2）在文档中，将工作、休闲时的照片进行展示，并添加适当的文字，如图6-21所示。

 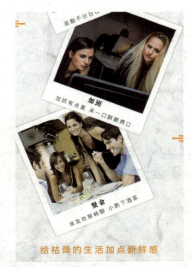

图6-21　产品功能展示

七、质检报告及品牌故事

展示质检报告及品牌故事是向消费者传递品牌价值观和文化观的重要渠道，对于店铺的营销起着积极的作用，消费者一旦产生共鸣，便会对品牌产生信任感，并且不会轻易改变，如图6-22所示。

图6-22　质检报告

八、详情页拼合效果展示

合成详情页是指将之前制作的各个区域合成到一起,这样是为了在上传产品的详情内容时更加方便,在"图片空间"中也更容易查找,合成详情页的操作步骤如下:

(1) 启动 Photoshop 软件,执行菜单栏中"文件"→"新建"命令,新建一个宽度为 750 像素、高度为 20 126 像素、分辨率为 72 像素/英寸的空白文档。

(2) 打开之前制作的各个区域的文档,将文档存储为 JPG 格式。

(3) 将所有的 JPG 文件拖入新的空白文档中,并摆好位置后,保存文档,效果如图 6-23 所示。

图 6-23 详情页拼合效果

项目六 特产营销之缙云烧饼

图 6-23 详情页拼合效果（续）

● **项目评价**

根据考核内容，学生完成自我小结并进行自评打分，教师根据学生活动情况进行点评并完成打分，最后按自我评分×40%+教师评分×60%计算得分，见表6-6。

表6-6 考核评价表

类别	考核内容	配分	自我评价		教师评价		得分
			是否完成	评分	是否完成	评分	
任务完成情况	能够撰写缙云烧饼的文案	25					
	会设计并制作缙云烧饼的主图	25					
	会设计并制作缙云烧饼的促销海报	25					
	会设计并制作缙云烧饼的详情页	25					
	合计						
职业素养评价	敢于设计、敢于创新的电商营销素养	35					
	具备热爱家乡、振兴乡村的服务意识	35					
	具备团队合作的能力和精益求精的工匠精神	30					
	合计						

项目七　特产营销之松阳茶叶

项目介绍

松阳是"浙江生态绿茶第一县""中国绿茶集散地",自古盛产茶叶,唐代已成贡品,是"中国名茶之乡""中国茶叶产业示范县""中国茶文化之乡"。松阳茶叶具有条索细紧、色泽翠润、香高持久、滋味浓爽、汤色清亮、叶底绿明的独特风格,以"色绿""条紧""香高""味浓"四绝著称。

自 2020 年 7 月入选国家电子商务进农村综合示范县以来,松阳制定出台了电子商务进农村综合示范工作《实施方案》,累计投入资金 3 000 余万元,搭建电商公共服务、县乡村三级物流配送、农产品上行和工业品下行双向流通、电商培训、电商市场运营等完整体系,推动松阳茶叶销售模式成功从线下转型到线上。

本项目以松阳茶叶为主线,设计了撰写松阳茶叶文案、制作松阳茶叶主图、制作松阳茶叶海报和制作松阳茶叶详情页四个任务,层层递进。

学习目标

【知识目标】

1. 了解松阳茶叶的产地和制茶工艺。
2. 理解松阳茶叶的特点和功效作用。
3. 掌握松阳茶叶的卖点。
4. 理解松阳茶叶主图内容。
5. 理解松阳茶叶促销海报内容。
6. 了解松阳茶叶详情页内容。

【能力目标】

1. 能够撰写松阳茶叶文案。
2. 会设计并制作松阳茶叶主图。
3. 会设计并制作松阳茶叶促销海报。
4. 会设计并制作松阳茶叶详情页。

【素质目标】

1. 培养学生敢于设计、敢于创新的电商营销素养。
2. 培养学生热爱家乡、振兴乡村的服务意识。
3. 培养学生团队合作的能力和精益求精的工匠精神。

案例导入

松阳：一片"叶子"奏响山区"共富曲"

松阳作为浙江省茶产业示范区，现有生态茶园15.3万亩，全县40%的人口从事茶产业，50%的农民收入来自茶产业，60%的农业产值源自茶产业，全产业链产值突破130亿元。通过茶产业，近五年全县农民收入年均增长10%以上。

近年来，松阳茶产业不断细分，与"茶"相关的新职业越来越多，农民致富的道路也越来越宽。

2021年，"松阳香茶"在淘宝平台开设类目，并组织100余家茶叶电商、300余款"松阳香茶"参加淘宝春茶节松阳专场活动，交易额累计达430余万元。同年，松阳在第三方电商平台茶叶线上订单为2 858.76万件，网络零售额为25.91亿元，同比增长138.58%。

如今，松阳已累计培育"松阳茶师"1万余名，发展采茶中介20余家，茶各类小行业直接从业人员超2万余人。松阳还积极引进各类人才，为茶叶发展注入科技创新的新鲜血液。

为加速茶产业转型升级，2021年，松阳提出打造"中国有机茶乡"这张具有辨识度的"金名片"，这正是松阳贯彻新发展理念，为解决茶产业大而不强、大而不精、大而不彰等短板的重要举措。如今，越来越多的松阳茶农和茶企开始探索有机茶的转型之路，积极推进松阳茶产业高质量绿色发展。

松阳积极推进茶园进山、坡地种茶，营造具有自我修复能力、协调稳定的良好茶园生态系统。科学管理茶树，推行休茶制度，不采或少采夏茶，改善茶叶品质。主动对标欧盟标准，持续减量茶叶农药化肥使用。

随着"中国有机茶乡"建设的持续推进，松阳有机茶的品牌影响力不断扩大。创新研发的"松阳香茶"和本地自主选育茶树品种制成的"松阳银猴"，成功注册地理标志证明商标，如今已成为松阳茶叶两大区域公用品牌。

松阳聚焦文旅融合，将茶文化与耕读文化、养生文化、道教文化融合发展，启动开展茶文化街区建设，让茶元素融入松阳的大街小巷。松阳的传统茶文化，也在传承中融合创新，不断丰富着内涵，进一步推动茶产业一二三产融合发展。1 000 m² 的松阳茶叶博物馆，设置了茶史、茶道、茶俗、茶业和茶旅五个展区，将松阳的茶歌、茶舞、茶灯、茶俗等茶文化形态和现代"六茶共舞"之势生动地融合起来，将参观者带入松阳茶文化的历史之中，感受当代松阳茶产业的辉煌。

"一杯清茶问今古，两袖清风为苍生"，茶与廉，自古紧密相连、源远流长。近年来，松阳还将茶文化与清廉文化融合发展，以此来推动清廉松阳建设。文化街区建设中，在宣扬茶文化的同时，更深藏着清廉的内涵；文化活动中，君子之交淡如水，提倡品茶更要品心，让清廉文化润物细无声。如今在松阳，"以茶养廉"也成为茶文化中一朵绚丽的花朵。

以文化为魂，未来松阳将在求新求变中，继续探索这一片"叶子"的更多价值，演绎出更多"有中生优，优中做强"的融合发展故事①。

任务一　撰写松阳茶叶文案

● **任务描述**

通过对松阳茶叶的进一步探究，了解松阳茶叶的历史文化背景、产地和制茶工艺，理解松阳茶叶的特点和功效作用，提炼松阳茶叶最能打动消费者的核心卖点，撰写出吸引消费者的电商文案。

● **任务目标**

1. 利用网络进一步了解松阳茶叶的相关知识；
2. 进一步掌握产品卖点的挖掘方法；
3. 提炼松阳茶叶的核心卖点，并撰写相应文案。

● **相关知识**

一、探寻松阳茶叶诞生

松阳是"浙江生态绿茶第一县""中国绿茶集散地"，自古盛产茶叶，唐代已成贡品，是"中国名茶之乡""中国茶叶产业示范县""中国茶文化之乡"。松阳茶具有条索细紧、色泽翠润、香高持久、滋味浓爽、汤色清亮、叶底绿明的独特风格，以"色绿""条紧""香高""味浓"四绝著称。

据史料记载，早在三国时期，松阳已盛产茶叶。唐代时期，松阳茶因道教法师叶法善的出现而成为贡茶。北宋时期，苏轼与居住松阳的祖谦禅师饮琼品茗时留下的千古传颂诗篇，道出了松阳悠久的茶史、茶文化："道人晓出南屏山，来试点茶三昧手。忽惊午盏兔毛斑，打作春瓮鹅儿酒。天台乳花世不见，玉川风腋今安有。先生有意续茶经，会使老谦名不朽。"

继苏轼之后，元、明、清各朝代松阳籍或来松阳为官为客的文人雅士也撰写了大量赞美松阳茶叶的诗篇。明代占雨曾以"春色漫怀金谷酒，清风雨液玉川茶"的妙句描绘当时松阳茶叶的品质。

---

① http://cs.zjol.com.cn/202 203/t20 220 330_24 012 237.shtml，节选自浙江在线－浙江日报，作者：欢颜　王雯静，编辑：韦文静。

2008年开始，松阳每年举办中国茶商大会·松阳银猴茶叶节茶商大会，搭建平台，广邀专家学者、茶商茶农走进松阳，共商茶事、共谋茶业。先后制订颁布了松阳银猴茶地方农业标准和地理标志产品松阳茶省级地方标准，规范松阳十余万亩茶叶的种植，并大力推广绿色防控技术。2012年开始，松阳连续五年被列入全国绿色防控示范区，连续三年被列入全国茶叶病虫害专业化统防统治与绿色防控融合示范基地。2016年，松阳创建全国绿色食品原料（茶叶）标准化生产基地，并成为浙江省首个全县域整体认证的基地县。2021年9月，"浙江省茶树种质资源圃"在松阳挂牌，旨在为浙江省乃至全国的科研院所提供更为丰富的茶树种质资源。目前已完成2 600多份种质资源的数据采集，外界可以通过数据库进行查询筛选，还可以实现资源共享。资源圃致力于主要产茶国与产茶地的资源留存和对茶树种质特性数据的鉴定采集，并通过茶树种质资源扩繁和新品种选育等试验，为松阳培育出发芽早、品质好或更加适合机采等大规模标准化作业的茶树新品种，引导松阳茶农种植品质好茶，推动特色茶产业发展。

二、挖掘产品价值

（一）松阳银猴制茶标准

松阳茶叶的品质出众，是因为从茶叶品种的选择到采摘运输，都有严格的标准。适制松阳茶的品种有迎霜、嘉茗1号、龙井43、白叶1号、银猴等无性系品种和内质好的鸠坑有性种，其中适制松阳银猴品种为银猴。

松阳银猴产于松阳县瓯江上游古市区半古月"谢猴山"一带，产地为卯山、万寿山、马鞍山、箬寮观，群山环抱，峰岭逶迤，云雾缥缈，溪流纵横交错，气候温和，年均气温为17.7 ℃，无霜期达240天，雨量充沛，年降雨量为1 511 mm，土壤肥沃，土层深厚，有机质含量丰富，茂木苍翠，山下溪流纵横，瓯江蜿蜒其间，生态环境优越，得天独厚的生态环境，为形成银猴茶品质提供了先天条件。每年的春季为松阳茶叶的采摘期。采摘标准为一芽一至二叶。鲜叶质量要求芽叶完整，鲜嫩匀净。其中，松阳银猴采摘标准为一芽一叶初展，开采早，采得嫩，拣得净是银猴茶的采摘特点。清明前开采，谷雨时结束。通常，炒制一公斤特级银猴茶，需采7万个左右的芽叶。采回的芽叶应剔除杂物，保持芽叶完整、均匀一致。鲜叶进厂后经6~7小时的鲜叶摊放，方可炒制。

松阳茶叶要求鲜叶运输必须用清洁、透气良好的盛具装盛，不得紧压，注意保质保鲜，合理贮存。

（二）松阳银猴加工工艺

松阳茶叶的加工工艺每一步都非常关键，松阳银猴历经了鲜叶摊放、杀青、揉捻、造型、干燥等步骤。松阳银猴鲜叶摊放厚度为1.5~2 cm，杀青锅温为150 ℃~200 ℃，直至杀透杀匀。揉捻掌握轻—重—轻揉捻原则，揉至茶叶成条，茶汁溢出。造型时松阳银猴造型至茶叶银毫显露，达到八成干。干燥：初干滚（烘）炒至九成干，出锅摊凉。足干滚（烘）炒至手捏成粉，香气盛发，使其含水量为6%以下，才有了最后的优秀成品，如图7-1所示。

图7-1　松阳银猴茶

（三）松阳银猴特色

松阳茶外形条索紧结绿润，汤色清澈绿亮，香气香高持久，滋味鲜浓，叶底嫩绿明亮。其中，松阳银猴外形条索紧实翠润、白毫显露，汤色嫩绿清澈明亮，香气栗香持久，滋味鲜醇甘爽，叶底肥嫩明亮。其理化指标：水浸出物≥38%，氨基酸≥4%（仅指松阳银猴）。

（四）松阳银猴功效作用

1. 抗衰老

松阳银猴有助于延缓衰老，茶多酚具有很强的抗氧化性和生理活性，是人体自由基的清除剂。研究证明，1毫克茶多酚清除对人肌体有害的过量自由基的效能相当于9微克超氧化物歧化酶，大大高于其他同类物质。茶多酚有阻断脂质过氧化反应，清除活性酶的作用，茶多酚的抗衰老效果要比维生素E强18倍。

2. 美容护肤

茶多酚是水溶性物质，用它洗脸能清除面部的油腻，收敛毛孔，具有消毒、灭菌、抗皮肤老化，减少日光中的紫外线辐射对皮肤的损伤等功效。

3. 醒脑提神

茶叶中的咖啡碱能促使人体中枢神经兴奋，增强大脑皮层的兴奋过程，起到提神益思、清心的效果。对于缓解偏头痛也有一定的功效。

4. 利尿解乏

茶叶中的咖啡碱可刺激肾脏，促使尿液迅速排出体外，提高肾脏的滤出率，减少有害物质在肾脏中的滞留时间。咖啡碱还可以排除尿液中的过量乳酸,有助于使人体尽快消除疲劳。

5. 缓解疲劳

松阳银猴茶中含有强效的抗氧化剂及维生素C,不但可以清除体内的自由基,还能分泌出对抗紧张压力的荷尔蒙。茶中所含的少量的咖啡因可以刺激中枢神经、振奋精神。

6. 护齿明目

茶叶中含氟量较高,每100 g 干茶中含氟量为 10~15 mg,且 80% 为水溶性成分。若每人每天饮茶叶 10 g,则可吸收水溶性氟 1~1.5 mg,而且茶叶是碱性饮料,可抑制人体钙质的减少,这对预防龋齿、护齿、坚齿都是有益的。在小学生中进行"饮后茶疗漱口"试验,龋齿率可降低 80%。在白内障患者中有饮茶习惯的占 28.6%;无饮茶习惯的则占 71.4%。这是因为茶叶中的维生素C等成分能降低眼睛晶体混浊度,经常饮茶,对减少眼疾、护眼明目均有积极的作用。

三、松阳茶叶文案设计

为了让消费者更好地了解松阳银猴的各项属性,激发消费者的购买欲望,在设计松阳银猴的文案时,要抓住消费者的需求和痛点去描写。

(一)首焦图文案

首焦图的设计中需体现产品的最大亮点,迅速抓住消费者的购买需求,一张优秀的首焦图能最大程度提升产品的转化率。在设计松阳银猴茶的首焦图文案时,首先传递的是"色绿""条紧""香高""味浓"四大亮点,再加上品牌名"丽水山耕·松阳银猴",结合茶叶的图片,达到抓人眼球的目的。

(二)产品信息·松阳银猴

在松阳银猴的产品参数展示中,需要介绍品牌、茶叶级别、产地、储存方式、净含量、保质期等内容。根据实际情况,罗列出以下参数信息:

(1)品牌:丽水山耕·松阳银猴。
(2)级别:特级。
(3)产地:丽水松阳。
(4)储存方式:密封、避光、防潮、防异味。
(5)净含量:500 g。
(6)保质期:两年。

(三)产地介绍·春茶山源

产地是影响茶叶品质的重要因素之一。在具体介绍时,可先以松阳茶的历史背景和产地特征描述作为引入。文案设计如下:

标题——春茶山源

文案1:松阳产茶历史悠久,北宋苏轼赞松阳茶"天台乳花世不见,玉川风腋今何有?"明代占雨曾以"春色漫怀金谷酒,清风雨液玉川茶"的妙句描绘当时松阳茶叶的品质。

文案2:松阳银猴产于松阳县瓯江上游古市区半古月"谢猴山"一带,群山环抱,峰岭逶迤,云雾缥缈,溪流纵横交错,气候温和,雨量充沛,土壤肥沃,土层深厚,有机质含量丰富,为形成银猴茶品质提供了先天条件。

(四)茶叶品质·品韵醇香

好产地出好茶,在接下来的文案中开始介绍松阳银猴的相应特点,为了让消费者更好地感受到其与众不同,可以进行卖点提炼和排序介绍。文案设计如下:

(1)形——条索紧结绿润。
(2)色——嫩绿清澈绿亮。
(3)香——香气栗香持久。
(4)味——滋味鲜醇甘爽。

(五)工艺介绍·匠心制茶

松阳银猴的制作工艺十分考究,从种植采摘到杀青揉捻造型,每个环节都是用一颗匠心去制作。在松阳银猴茶的文案中应该把这份用心传递给消费者。文案设计如下:

标题——匠心制茶
采青—摊放—杀青—揉捻—造型—干燥—成品

文案1:松阳银猴采摘标准为一芽一叶初展,开采早,采得嫩,拣得净。清明前开采,谷雨时结束。炒制一公斤特级银猴茶,需采7万个左右的芽叶。

文案2:芽叶剔除杂物,保持芽叶完整、均匀一致。鲜叶进厂后经6~7小时的鲜叶摊放,摊放厚度为1.5~2 cm,方可炒制。

文案3:松阳银猴杀青锅温为150 ℃~200 ℃,直至杀透杀匀。

文案4:揉捻掌握轻—重—轻的揉捻原则,揉至茶叶成条,茶汁溢出。

文案5:造型时,松阳银猴造型至茶叶银毫显露,达到八成干。

文案6:初干滚(烘)炒至九成干,出锅摊凉。足干滚(烘)炒至手捏成粉,香气盛发,使其含水量在6%以下,才有了最后的优秀成品。

(六)产品功效·茶有大益

消费者十分关注产品的益处,千百年来,喝茶都是一种健康的养生选择。因此,在设计文案时,应强调银猴茶叶带给消费者的各种益处。文案设计如下:

(1)延缓衰老。
(2)美容护肤。
(3)醒脑提神。
(4)利尿解乏。
(5)缓解疲劳。
(6)护齿明目。

（七）使用方法·细品银猴

消费者采用不同的冲泡方法可以泡出不同口味的茶汤，在文案介绍时应该进行说明。介绍松阳银猴的冲泡方法可以提高消费者的使用感受，同时也增加详情页的专业程度，文案设计如下。

1. 松阳银猴上投法

（1）准备透明玻璃杯（本例杯子大小约 200 mL），置入适量 80 ℃～85 ℃的开水后，投入约 5 g 茶叶。

（2）静待茶一片一片下沉，欣赏她们慢慢展露婀娜多姿的身态。

（3）茶叶在杯中逐渐伸展，上下沉浮，汤明色绿，历历在目。

2. 松阳银猴中投法

（1）准备透明玻璃杯（本例杯子大小约 200 mL），先置入 80 ℃～85 ℃约三分之一，投入约 5 g 茶叶，静待茶叶慢慢舒展。

（2）待茶叶舒展后，加满开水。

3. 松阳银猴下投法

（1）准备瓷盖杯（本例大小约 150 mL），温杯，投入适量茶叶。

（2）加入少许 80 ℃～85 ℃温开水。

（3）拿起冲泡杯，徐徐摇动使茶叶完全濡湿，并让茶叶自然舒展。

（4）待茶叶稍为舒展后，加水至九分满。

（5）等待茶叶溶出茶汤。

（6）用杯盖稍微拨动茶汤，使茶叶溶出的茶汤更均匀。

（7）倒入小茶杯中品饮。

● **任务实施**

根据所学知识，完善表 7-1～表 7-3。

表 7-1　松阳茶叶主图文案设计

内容	示例	你的设计
主题	松阳银猴，口碑好茶	
优势	爆款茶礼，万千茶友力荐	
促销 1	限时第二件半价	
促销 2	领券立减 10 元	
设计意图	设置多种促销优惠，引导消费者进行购买	

表 7-2　松阳茶叶海报文案设计

内容	示例	你的设计
主题	春茶初采，与时争鲜	
作用	延缓衰老 醒脑提神 利尿解乏	
卖点	匠心制茶 品韵醇香 好产地出好茶	
促销	/	
设计意图	通过对松阳茶叶的品质和作用介绍吸引消费者，核心体现茶之鲜	

表 7-3　松阳茶叶详情页文案设计

内容	示例	你的设计
首焦图	松阳银猴，鲜生夺人色绿、条紧、香高、味浓	
产品信息	品牌：丽水山耕·松阳银猴 级别：特级 产地：丽水松阳 储存方式：密封、避光、防潮、防异味 净含量：500 g 保质期：两年	
品质描述	形——条索紧结绿润 色——嫩绿清澈绿亮 香——香气栗香持久 味——滋味鲜醇甘爽	
制茶工艺	匠心制茶 采摘标准为一芽一叶初展，开采早，采得嫩，拣得净　清明前开采，谷雨时结束	

续表

内容	示例	你的设计
作用	延缓衰老 美容护肤 醒脑提神 利尿解乏 缓解疲劳 护齿明目	
泡茶方法	泡茶是一门学问 1. 松阳银猴上投法…… 2. 松阳银猴中投法…… 3. 松阳银猴下投法……	
设计意图	多方面、多角度介绍松阳茶叶的卖点，吸引消费者产生购买兴趣	

任务二　制作松阳茶叶主图

● **任务描述**

主图是产品最重要的展示窗口，与主图直接关联的数据是点击率。没有点击率就没有更多的流量。所以，在设计主图时，首先要分析产品的特点与主要消费人群的需求。本任务以"松阳银猴"为例，根据产品特点进行分析，确定主图风格，进行白底主图设计。

● **任务目标**

根据松阳茶叶的产品特点，设计并制作白底主图。

● **任务讨论**

1. 网店中常见的主图包括哪些？
2. 设计主图时应考虑哪些因素？
3. 主图制作时需要用到哪些工具？

● 任务实施

（1）启动 Photoshop 软件，新建 800 像素 ×800 像素、分辨率为 72 像素/英寸、颜色模式为 RGB 颜色的空白文档。

（2）填充背景为绿色（R:7 G:131 B:79），绘制圆角矩形，具体参数如图 7-2 所示。

图 7-2　矩形工具选项栏

（3）绘制矩形，颜色为绿色（R:7 G:131 B:79）。

（4）绘制右下角圆形，填充绿色（R:7 G:131 B:79），添加图层样式"描边"，颜色为白色，大小为 5 像素。

（5）使用"钢笔"工具绘制左上角形状，并填充绿色（R:7G:131B:79）。

（6）拖入素材"松阳银猴"和"玻璃茶杯"，调整大小和位置，并添加投影效果，如图 7-3 所示。

图 7-3　拖入素材

（7）输入文字"松阳银猴　口碑好茶"，字体为黑体，加粗，并添加图层样式"描边"，颜色为黑色，大小为 3 像素。

（8）输入文字"领券立减 10 元"，字体为方正超粗黑体，设置字体样式为倾斜。

（9）输入文字"爆款茶礼　万千茶友力荐"，字体为微软雅黑，加粗。

（10）绘制矩形，填充颜色（R:185 G:213 B:46），添加图层样式"投影"，不透明度为 50%，距离为 3 像素，大小为 5 像素。

（11）输入文字"限时第二件半价"，字体为黑体，加粗，并调整文字间距和整体效果，如图 7-4 所示。

（12）保存，分别存储为 PSD 和 JPEG 格式。

图 7-4　主图效果图

任务三　制作松阳茶叶海报

● **任务描述**

海报设计是视觉传达的表现形式之一。它能够吸引消费者目光，从而产生购买欲望。设计时需要将图片、色彩、促销文字等要素进行融合，起到宣传和推广的作用。本任务以"松阳银猴"为例，根据促销意图和产品风格特点进行海报设计。

● **任务目标**

根据松阳银猴的特征和卖点，设计并制作产品海报。

● **任务讨论**

1. 设计产品海报可以添加哪些元素？
2. 设计产品海报时应考虑哪些因素？
3. 产品海报制作时需要用到哪些工具？

● 任务实施

（1）启动 Photoshop 软件，新建尺寸为 950 像素 ×400 像素、分辨率为 72 像素/英寸、颜色模式为 RGB 颜色的空白文档。

（2）拖入背景"茶山""木板"素材，并调整至合适大小，如图 7-5 所示。

图 7-5　茶山素材

（3）拖入素材"松阳银猴"，运用"魔棒"工具抠除白色背景，调整大小和位置，并绘制阴影效果；椭圆选框，填充颜色（R:34G:163B:1），取消选区，执行滤镜"模糊"→"高斯模糊"6 个像素，设置图层不透明度为 80%。

（4）分别拖入素材"茶罐"和"玻璃茶杯"，调整大小和位置，为"茶罐"添加图层样式"投影"，为"玻璃茶杯"绘制阴影效果；椭圆选框，填充颜色（R:34G:163B:1），取消选区，执行滤镜"模糊"→"高斯模糊"6 个像素，设置图层不透明度为 70%，如图 7-6 所示。

图 7-6　拖入素材

（5）输入文字"春茶初采 与时争鲜"，字体为汉仪松阳体，倾斜，并添加图层样式"渐变叠加""描边""投影"效果，具体参数如图 7-7 所示。

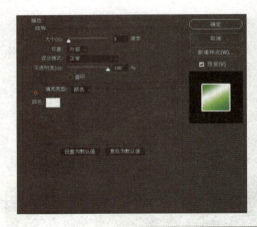
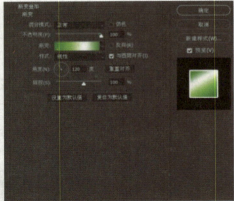
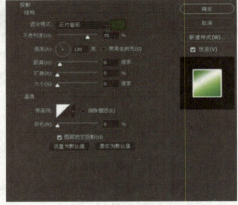

图 7-7　参数信息

（6）输入竖排文字"好产地出好茶""品韵醇香""匠心制茶"，字体为楷体，并添加下画线样式。

（7）输入横排文字"延缓衰老""醒脑提神""利尿解乏"，字体为楷体，并添加图层样式"描边"效果，颜色为黑色，大小为 2 像素，并调整文字间距和整体效果。

（8）拖入素材"茶叶 1""茶叶 2"作飘浮装饰，如图 7-8 所示。

（9）保存，存储为 PSD 和 JPEG 格式。

图 7-8　海报效果图

任务四　制作松阳茶叶详情页

● **任务描述**

产品详情页是提高成交转化率的入口，是对产品的使用方法、材质、尺寸、细节等方面的内容进行展示，激发消费者的购买欲望，树立消费者对网店的信任感，促使消费者下单的重要页面。

产品详情页一般由创意海报、产品卖点、产品参数、产品全方位展示、产品细节展示等多个部分组成。本任务以"松阳银猴"为例，根据产品的功能和特点，结合海报的设计风格，进行详情页的设计。

● **任务目标**

为松阳银猴制作详情页，按照产品特点和消费者的需求设计详情页，包括首焦图、信息模块、产品信息、展示模块、自定义模块五个模块。

● **任务讨论**

1. 分析产品特点和消费者的需求，确定详情页风格。
2. 一般详情页包含哪些模块？
3. 详情页制作时需要用到哪些工具？

● **任务实施**

一、制作详情页的首焦图

首先制作详情页的首焦图，如图 7-9 所示。

（1）启动 Photoshop 软件，新建尺寸为 950 像素 ×1 280 像素、分辨率为 72 像素/英寸、颜色模式为 RGB 颜色的空白文档。

（2）拖入素材"背景""玻璃茶杯"，调整大小和位置。

（3）输入文字"松阳银猴 鲜生夺人"，填充颜色（R:53G:175B:2），并添加图层样式"描边"效果，颜色为白色，大小为 5 像素。

（4）选择"椭圆"工具，绘制圆形，填充为绿色（R:161G:186B:34），复制另外三个，连续选中四个圆形图层，选择"按左分布"。

（5）输入文字"色绿""条紧""香高""味浓"，字为体楷体，加粗，颜色为白色。

（6）新建图层，选择"单行选框"工具，绘制线条，并填充黑色。

图 7-9　茶叶首焦图

（7）选择"矩形选框"工具，在线条中心绘制矩形，填充为绿色（R:161G:186B:34）。

（8）保存，存储为 PSD 和 JPEG 格式。

二、制作详情页的信息模块

制作详情页的信息模块，如图 7-10 所示。

图 7-10　茶叶信息模块

（1）启动 Photoshop 软件，新建尺寸为 950 像素 ×1 300 像素、分辨率为 72 像素/英寸、颜色模式为 RGB 颜色的空白文档。

（2）填充背景"灰—白"径向渐变色。

（3）拖入素材"松阳银猴 1"，添加图层样式"投影"效果，不透明度为 60%，角度为 90°，勾选"取消全局光"选项，距离为 8 像素，大小为 20 像素。

（4）输入"丽水山耕·松阳银猴"等文字信息，调整字间距和位置大小。

（5）选择"矩形"工具，属性栏设置填充颜色为灰色，描边为白色，大小为 10 像素，绘制矩形，并添加"投影"效果。

（6）输入文字信息，并调整行间距。

（7）拖入素材"茶叶 1"，调整大小及位置，并复制另外五个。

（8）绘制分割线，新建图层，选择"单行选框"工具，绘制线条，并填充黑色。

（9）选择"矩形选框"工具，在线条中心绘制矩形，填充为绿色（R:161G:186B:34）。

（10）拖入素材"茶叶 2"作飘浮装饰。

（11）保存，存储为 PSD 和 JPEG 格式。

三、制作详情页的细节展示模块

制作详情页的细节展示模块，如图 7-11 所示。

图 7-11　茶叶细节展示

（1）启动 Photoshop 软件，新建尺寸为 950 像素 ×1 800 像素、分辨率为 72 像素/英寸、颜色模式为 RGB 颜色的空白文档；填充背景"灰—白"径向渐变色。

（2）选择"圆角矩形"工具，属性栏设置填充颜色为（R:161G:186B:34），描边为"无"，半径为 30 像素，绘制标题圆角矩形。

（3）输入标题"好茶细节见"，字体为楷体，加粗。

（4）拖入素材"茶叶 3"作装饰，调整大小和位置。

（5）分别拖入素材"松阳银猴 2""玻璃茶杯""松阳银猴 3"，调整大小和位置，并添加图层样式"投影"效果，不透明度为 60%，角度为 90°，勾选"取消全局光"，距离为 8 像素，大小为 20 像素。

（6）输入文字信息，字体为楷体，并调整适当行间距。

（7）绘制分割线，方法参照以上信息模块分割线制作。

（8）保存，存储为 PSD 和 JPEG 格式。

四、制作详情页的自定义模块

制作详情页的自定义模块，案例中展示茶叶的泡法，如图 7-12 所示。

图 7-12　茶叶泡法

（1）启动 Photoshop 软件，新建尺寸为 950 像素 ×1 200 像素、分辨率为 72 像素/英寸、颜色模式为 RGB 的空白文档。

（2）填充背景"灰—白"径向渐变色。

（3）选择"圆角矩形"工具，属性栏设置填充颜色为（R:161G:186B:34），描边为"无"，半径为 30 像素，绘制标题圆角矩形。

（4）输入标题"泡茶是一门学问"，字体为楷体，加粗。

（5）拖入素材"茶叶 3"作装饰，调整大小和位置。

（6）拖入素材"玻璃茶壶"，调整大小和位置。

（7）选择"矩形"工具，属性栏设置填充"无"，描边为白色，大小为 10 像素，绘制矩形。

（8）输入具体文字信息，字体为楷体，颜色黑色，并适当调整行间距。

（9）保存，存储为 PSD 和 JPEG 格式。

● 项目评价

根据考核内容，学生完成自我小结并进行自评打分，教师根据学生活动情况进行点评并完成教师打分，最后按自我评分 ×40% + 教师评分 ×60% 计算得分，见表 7-4。

表 7-4 考核评价表

类别	考核内容	配分	自我评价		教师评价		得分
			是否完成	评分	是否完成	评分	
任务完成情况	能够撰写松阳茶叶文案	25					
	会设计并制作松阳茶叶主图	25					
	会设计并制作松阳茶叶促销海报	25					
	会设计并制作松阳茶叶详情页	25					
	合计						
职业素养评价	敢于设计、敢于创新的电商营销素养	35					
	具备热爱家乡、振兴乡村的服务意识	35					
	具备团队合作的能力和精益求精的工匠精神	30					
	合计						

参 考 文 献

[1] 张如云. 视觉营销在电子商务中的应用研究 [J]. 办公自动化, 2017（03）：45-48.

[2] 李翔. 中职电子商务专业《视觉营销》课程探索 [J]. 时代教育, 2017（18）：13-14.

[3] 张星. 基于消费者感知的甄品农庄绿色农产品视觉营销策略研究 [D]. 兰州：兰州大学, 2018.

[4] 赵冠艳, 谈应权. 我国绿色农产品发展现状分析 [J]. 安徽农业科学, 2019, 47（19）：252.

[5] 郑御真. 论视觉营销概念及其理论内涵 [J]. 现代装饰 (理论), 2015（12）：311.

[6] 刘结玲. 新时代广西特色农产品"直播＋电商"营销模式研究 [J]. 广西农学报, 2021, 36（4）：5.

[7] 叶峰泉. 以"电商视觉营销设计项目"推进"商业广告设计"课程教学改革研究 [J]. 艺术与设计：理论版, 2020（1）：3.